시와편견 실천총서 057

심 연 深淵

신서영 제2수필집

도서출판 실천

심 연 深淵
실천총서 057

초판 1쇄 인쇄 | 2024년 11월 1일
초판 1쇄 발행 | 2024년 11월 5일

지 은 이 | 신서영
발 행 인 | 이어산
기 획·제 작 | 이어산
발 행 처 | 도서출판 실천
등 록 번 호 | 서울 종로 바00196호   등 록 일 자 | 2018년 7월 13일
　　　　　　| 진주 제2021-000009호   　　　　　　| 2021년 3월 19일
서울사무실 | 서울특별시 종로구 율곡로 6길 36
　　　　　　02)766-4580, 010-6687-4580
본사사무실 | 경남 진주시 동부로 169번길 12. 윙스타워지식산업센터 A동 705호
　　　　　　055)763-2245, 010-3945-2245 팩스 055)762-0124
편 집·인 쇄 | 도서출판 실천
디자인실장 | 이예운   디자인팀 | 변선희, 김승현, 김현정

ISBN 979-11-92374-65-9
값 15,000원

* 이 책은 전부 또는 일부 내용을 재사용하려면 저작권자와 '도서출판 실천'의 동의를 받아야 합니다.
* 이 책의 국립중앙도서관 출판예정도서목록(CIP)은 서지정보유통지원시스템(http://seoji.nl.go.kr)과 국가자료종합목록시스템(http://www.nl.go.kr/kolisnet)에서 이용하실 수 있습니다.
* 잘못된 책은 교환해드립니다.

신서영

삼천포 출생
한국방송통신대학 국어국문학과 졸업
《한국수필》 등단(2005년)
작품집 『호수는 잠들지 않는다』, 『심연深淵』
한국수필 작가회 회원, 경남문협이사
진주문협 부회장, 경남수필문학협회 회장
경남수필 올해의 작품집상

■ 수필집 2집을 내며

한 번도 경험해보지 못한 무더위를 겪으며 올 여름을 넘겼다. 주위의 정든 이들이 더위를 이겨내지 못하고 쓰러졌다. 안타까운 일이다. 다시 한 번 자연에 경이로움을 느꼈다. 그 뙤약볕아래서도 잔디는 파랗게 자라나고 뒤란의 고추는 주저리 열려서 빨갛게 익어주었다.

 가을에 책을 내고 싶었다. 그동안 쌓여있던 글들을 묶어서 선선한 계절에 세상구경을 시키려고 봄부터 늦장을 부렸다.

 수필 1집의 내용은 그리움과 자연에 대한 글들이 많았다. 수필 2집의 내용은 아마도 내게 힘든 일이 많아서 삶의 애환과 인간관계의 회의감에서 비롯된 글들이 많은 것 같다. 나이 들면서 뜻대로 되지 않는 일이 자주 생기고 적응하려고 애쓰지만 항상 겉도는 것 같은 시골생활에 하루의 일과를 마치면 늘 피곤하고 지친다. 그래서인지 늘 쫓기듯이 바쁘다. 한가로워서 고독하던 젊은 날이 그립다. 베짱이가 개미의 삶을 살수는 없는가보다.

그렇다고 갓 피어나려는 꽃송이가 눈앞에 아른거리고 밭에서 수확한 싱싱한 식재료를 생각하면 복잡한 시내는 살고 싶지 않다. 나이에 맞게 일을 줄이는 방법 밖에 없는 것 같다.

책이 넘치는 세상이다. 민폐를 끼치는 것은 아닌지 책을 내기가 조심스럽다. 출판비를 보조해 주신 〈한국예술인복지재단〉에 감사드리며 도움을 주신 분들에게 고마움을 전한다. 책을 출판하신 〈도서출판 실천〉의 관계자 분들께도 고개 숙여 감사드린다.

2024년 가을의 한복판에서
신서영

차례

1부 상념의 시간

11_ 회상
14_ 페르소나와 섀도
18_ 상념의 시간
22_ 무형의 유산
26_ 구월이 오면
28_ 한국적인 정서
31_ 여름, 그 터널 속에서
34_ 남국에서

2부 고난의 행로

39_ 인생의 뒤안길
43_ 고난의 행로
47_ 고독
49_ 빙점의 봄을 앓다
53_ 숨비소리
57_ 구월 장미
59_ 선흘리 동백
63_ 빈 배를 보며

3부 심연深淵

67_ 길 위에서
70_ 타인의 방
72_ 심연深淵
76_ 가을 달빛
78_ 느티나무처럼
81_ 두 자매
85_ 우울, 그 안의 외로움
89_ 겨울, 팥죽 이야기

4부 촛불 켜는 밤

95_ 봄날, 그믐밤에
98_ 촛불 켜는 밤
100_ 오월, 어느 날
103_ 나를 달래는 시간
107_ 가을 이야기
110_ 가시찔레
113_ 가을 연정戀情
117_ 곁가지치기와 여백 만들기

5부 허상의 굴레

123_ 자紫목련 앞에서
127_ 허상의 굴레
131_ 금동부락의 유래
134_ 새벽 정안수
138_ 나비의 꿈
142_ 공존, 더 나은 삶을 위하여
145_ 뿌리
147_ 동리, 목월문학관을 보고
153_ 노을 지는 해변에서

1부
상념의 시간

회상

산에서 한동안 길을 잃었다.

새뜨기나 양미역취 같은 키를 넘는 풀을 예취기로 무너뜨린다. 가시덤불을 자르고 제멋대로 난 가지를 쳐서 길을 만든다. 아이 하나 낳은 기분이다.

어느 날 아담은 뒷산 일부를 사자고 한다. 동의하려다 말고 "여기 산을 사면 이곳만 우리 산이고 안 사면 전부 에덴동산인디. 사지 말고 저 너머 다닐 수 있는 곳까지 우리 영역으로 삼는 건 어때?" 했다.

사는 것을 포기한다. 2시간 정도 걸리는 길을 마저 닦는다. 닦은 것만큼 에덴동산이다. 땅뙈기 하나 없는 우리에게 산나물을 주고 열매를 준다. 누구 산인지 모르지만 우리 것인 양 애착이 생긴다.

이 산에선 한 달에 한두 사람 볼까 말까 하다. 산 기맥을 따라 한둘 등반하는 정도다. 그들은 유명한 산은 길이 잘 닦여 있어 좋은데 야산은 길이 없어 힘들단다. 길을 닦아줘서 고맙다 한다. 기분이 좋다.

하지만 힘들게 마련한 길을 낯선 사람이 먼저 나발을 불고 지나가니 썩 좋은 것만도 아니다. 우리만의 에덴동산을 더럽히다니…. 타인을 거부하는 마음이 새록새록 올라온다. 햐, 어찌하여 생각지도 않던 잡풀이 마음의 땅을 뚫고 올라오나.

올라갈 땐 바위 귀퉁이가 떨어지지 않았는데 내려올 때 보니 바위 결이 얇게 떨어져 나갔다. 어제는 가막살나무 열매가 안 보이더니 오늘은 보인다. 도라지꽃이나 금방울 꽃을 만나면 우리가 심은 것처럼 누가 캐 가지 않나 염려를 한다. 아까시와 소나무가 달라붙어 연리목이 된 것도 있다.

이처럼 세세하게 산의 숨소리까지 느낄 판인데 다른 사람의 발자국이나 쓰레기 떨군 것을 보면 괜히 부아가 난다. "우리 말고 누가 여길 다녀간 거야?" 이 말에는 우리의 허락 없인 아무도 못 들어온다는 뜻이다.

야릇한 경계심, 마음에 돋아나는 악의 가시여! 아담과 이브도 유혹하는 뱀을 의심했을지 모른다. 인간의 원조인 그들에게 돋아나는 의심과 부아의 원죄를 슬쩍 덧씌운다.

애착이 집착으로 나아가는 걸 맞닥뜨리며 우리 몰래 오는 사람에 대한 적대감을 표출한다. 지난밤 멧돼지 사냥을 했는지 건전지나 담배꽁초 같은 것이 버려졌다. 빈 물통이나 배즙 먹은 봉지도 보인다.

누가 다녀간 거야! 산 입구 약초농장 관리하는 사람? 농장 옆에 혼자 사는 사람? 보지 않은 사람들을 다 들먹인다. '산을 산'으로 보지 않는 소유의 마음이 생긴다. 인적 드문 야산에서도 야릇한 욕망이 생기다니. 인간의 마음이란 욕망이 잘 자라는 동산일까.

동물 본능의 요의를 느낀다. 엉덩이를 까고 영역을 표시한다. 오줌이여, 욕망의 풀을 좀 시들게 하라! 주문을 뇐다.

다시 길을 찾는다. 산은 산! 그것은 신을 부르는 소리요 사랑의 대상인 것을. 이제 무심하게, 무아의 상태로 산을 봐야겠다.

페르소나와 섀도

  올봄, 여섯 명의 회원들과 함께 우리 지역에 거주하는 열 명의 여인들을 상대로 인터뷰해서 그녀들의 삶을 책으로 엮었다. 어려움 속에서도 불굴의 의지로 굳건히 삶을 일군 그녀들의 표정은 밝았다. 얼굴에는 빛이 나고 관용의 여유까지 갖추고 있었다. 열악한 환경 속에서 어린 시절을 보내도 용기를 잃지 않았다. 대부분 자신보다는 다른 이를 위해서 봉사하고 그 즐거움으로 감사함을 느낀다고 하였다. 씨줄과 날줄로 촘촘히 엮은 삶의 직조는 오롯이 자신의 영역을 개척하였고 누구보다도 뚜렷한 자존감을 가질 수 있었을 것이었다.

  나는 이번 작업을 하면서 얼마나 많은 다양한 삶들이 있는지 타인을 보는 시야가 한층 넓어졌다. 자연속의 모든 것들이 각기 저마다의 향기와 모양을 갖추었듯이 사람들도 다 제 각각의 향기와 이야기를 가진 귀한 존재라는 것을 그 누구도 하찮은

삶을 가지지는 않았다는 것을 절실히 느꼈다.

 내가 인터뷰 한 두 여인은 새마을봉사자와 한쪽 다리가 부실한 장애인이었다.

 두 여인 다 아주 어려운 성장기를 보냈지만 남을 원망하지 않았고 자신의 생활 속에서 항상 감사하는 마음을 잃지 않았다. 맡은 일을 열심히 하며 거짓 없이 순수하게 사는 동안 남에게 인정을 받았고 바쁜 일상으로 소홀했던 가족들까지 한편이 되어주었다. 그녀들의 이야기가 한권의 책으로 새 빛을 보는 날, 많은 사람들의 축하를 받았고 스스로 겪은 지난날의 행적을 읽는 본인들도 감동의 눈시울을 적셨다. 그 눈물은 세상 그 무엇과도 바꿀 수 없는 가치를 지닌 것이었다.

 남부러울 것 없는 부유한 환경 속에서도 자신의 정체성을 찾지 못하고 공황장애나 또 다른 정신 질환을 앓는 사람들이 얼마나 많은가. 세상에서 고립되었다고 느끼고 모두를 원망하는 사람들은 결국에는 자신의 생각에 갇혀서 헤어나지 못하고 불행해 질뿐이다.

 인간의 이기심은 어디까지가 한계일까. 지금 매스컴에는 '묻지 마 살인'에 대해서 화재가 분분하다. 범인들은 '죄송하다'고 말하지만 그 말 또한 거짓으로 들린다. '한길 물속은 알아도 바로 앞에 있는 사람의 속마음은 알 수가 없다'는 속담이 생각난다.

 다수의 사람들은 타인들이 자신이 생각하는 것과 같을 것이라고 느낀다. 하지만 그런 생각이 얼마나 큰 착각인지 깨닫지 못한다. 어떤 사람들은 생각이 다르면서 얼굴 표정만으로 그저

그런 척 한다. 마음속에 다른 뜻이 있어도 속내를 드러내지 않는다. 자신의 감정을 잘 숨길 수 있는 사람을 조심해야 한다. 동조 하는 듯이 생각을 감추고 있다가 어떤 일이 생겼을 때, 상대방을 배제하고 과감하게 자신의 생각대로 밀고 나가는 사람을 볼 때는 당황하기도 하지만 때론 배신감마저 느끼게 된다.

 나는 어렸을 적에 할머니와 같은 방을 썼다. 베개를 나란히 하고 누워서 할머니는 많은 이야기를 해 주셨다. 이야기를 다 듣고 나면 "할머니 세상에서 제일 무서운 것은 무얼까" 하고 물었다. 할머니는 "사람이 제일 무섭단다. 특히 여자는 늘 몸가짐을 조심해야 한다." 그 말을 그때는 이해 할 수 없어서 고개를 갸우뚱거리다가 잠이 들고는 했다. 그런데 지금의 내가 초등학생의 손녀에게 들려주고픈 말은 "항상 사람을 조심 하여라"이다. 물건은 피하면 되고 짐승도 내가 거두지 않고 멀리 하면 된다. 하지만 살면서 만나고 부딪힐 수밖에 없는 사람들은 그 속내를 알 수가 없기 때문에 속단을 해서도 안 되고 완전히 믿어서도 아니 될 것 같다. 사람은 감정의 동물이기 때문에 환경이나 상황이 바뀌면 어떤 태도로 돌변할지 알 수가 없기 때문이다.

 지금은 보람 있고 만족한 삶을 살고 있지만 어릴 적, 힘들었던 때를 떠 올리며 눈시울을 붉힌 그녀들의 모습은 자신들조차 잊고 지내던 본모습이 아닐까. 자신을 추스르지 못하는 숱한 사람들이 개인의 본능을 우선시하는 욕심보다는 먼저 주위의 사람들에게 감사함을 느꼈으면 좋겠다. 공공기관에 배치 된 그 책을 읽어서 좋은 결과는 노력 없이는 이루어지지 않는다는 것

을 알고 답답한 삶의 토굴 속에서 벗어나는 지혜를 갖기를 기대해 본다.

남에게 보이는 모습도 속내를 거울로 비추듯이 투명했으면 좋겠다. 잠재의식 속에 깊이 숨어 있는 자신의 본모습은 사라지지 않고 그림자처럼 늘 함께하기 때문이다. 영원한 것은 진실이 아닐까.

*페르소나 : 남에게 보이는, 밖으로 드러나는, 가면.
*섀도 : 자신조차 모르는 자신의 본 모습

상념의 시간

언제까지 기다려야 하는 것일까. 여름에 잠시 주춤했던 감염병은 찬바람이 부는 환절기가 되자 전국적으로 확산되었다. 단지 감염병으로 인한 답답함은 아니다. 3차의 예방접종 기간까지 단 한편의 글도 쓴 적이 없다. 글제는 떠오르지만 줄거리가 잡히지 않는 것이다. 다른 일도 마찬가지다. 모든 일에 매듭을 잘 짓지 못하고 순간적인 결정도 서투르다.

다행히 마당이 넓어서 큰 불편함은 없지만 정든 사람들을 만나기가 여간 조심되지 않는다. 어느새 잎이 지고 나목들이 으스스 떠는 겨울에 접어들었다. 춥다고 방안에만 있을 일이 아니었다.

동네 앞의 개천 둑길을 걸으면 새끼 물고기를 사냥하는 자유로운 하얀 백로들을 볼 수 있어 가슴이 트였다. 우아한 날갯짓이 추위와는 전혀 상관없이 서로 짝을 지으며 노닐었다.

여고생 때였다. 7교시 수업이 끝난 후에 자율학습이 시작되면 지끈거리는 두통을 참을 수 없었다. 옆의 짝지에게 잠시 뒤에 나오라는 눈짓을 보내고 학교에 가방을 둔 채로 학교 뒷문으로 빠져 나갔다. 이십분 쯤 걸어가면 바닷가에 닿을 수 있었다. 주변의 밭에는 무와 고구마가 심어져있고 밭 둘레에는 키 큰 수수가 고개를 숙이고 익었다. 뒤따라 나온 짝지와 바닷가 모래톱에 앉아서 바위위에 널어 말리는 고구마와 밭의 무를 뽑아서 바닷물에 씻어 먹기도 하였다. 쉼 없이 밀려오는 파도를 보면 답답한 가슴의 응어리가 풀렸다. 그러면 머리가 상쾌하고 피로도 풀려서 학교에 다시 들어가 밤늦도록 공부를 했었다.

 봄, 모든 식물과 생물들이 잠에서 깨고 되살아나서 생동감을 느낀다. 집 뒤의 감자밭에서 아주 긴 화사를 만나 비명을 지른다. 파드득 놀라 재빠르게 도망가는 뱀을 보며 아! 저리 깨어있어야하는구나. 사는 것도 죽은 것도 아닌, 멍하니 하루를 헛되게 보낼 수는 없다고 자책한다.
 삼월 초, 집 뒤란의 거름 준 흙 위에 새끼손톱보다 작은 옥수수알갱이 서너 개를 묻어 놓는다. 유월 초쯤이면 새파란 잎이 허리 높이로 올라온다. 뒷마루와 부엌의 덧문을 열면 새파란 잎사귀가 청춘처럼 맑은 생기를 띤다. 그 싱싱하고 활기 찬 모습에서 젊은 에너지를 얻는다. 내가 저런 시절이었을 때, 나이에 맞는 생각과 명랑한 행동으로 즐겁게 보냈으면 좋았을 것을. 쓸데없는 고민이 왜 그리도 많았던지. 노인네처럼 지레걱정하고 조심해서 그 푸르던 시절을 알차게 보내지 못한 것을

생각하면 후회되는 일이 한두 가지가 아니다.

　여름, 뒷산 뻐꾸기는 뻐~꾹으로 우는데 이제는 짝짓기를 하는지 뻑뻐꾹으로 소리를 내 지른다. 온 산에 수풀이 우거지고 풀벌레소리도 요란해져서 더위에 지치는 마음은 간사하게도 길고 추운 겨울을 망각하고 시원한 가을이 오기를 기다린다. 바깥마당가에 심은 복수박의 줄기가 주먹만 한 열매를 감싸듯이 서로 엉키어 그늘을 만들어 준다. 작은 풀도 씨방을 맺고 과실수도 열매를 익히려고 애쓰는 걸 보면 종족 보존은 본능적인가 보다.

　가을, 동이 트면 땅위의 모든 것을 거두어들이기 바쁘다. 열매를 키우느라 사력을 다한 나무들은 본래의 모습을 찾고자 잎을 물들이고 홀연히 바람에 몸을 맡긴 모습이 자유로워 보인다.
　자녀들을 키워 분가시킨 부모들은 애써 키운 노력의 결실을 보지 못해 안타까워한다. 하지만 주어진 환경 속에서 최선을 다해 열매를 맺고 결실을 본 나무들은 잎조차 떨구며 서둘러 겨울 맞을 차비를 한다. 아래로 또 아래로 영양분을 저장하고 언젠가 올 봄을 기다리며 묵언의 자세를 취한다. 간혹 가지에 앉은 새들이 나무를 쪼아대도 흔들림 없이 묵상한다.
　날마다 잠에서 깨면 생각의 연속이고 잠을 자면서까지 상상속의 꿈을 꾸게 되지만 하루를 허투루 보내지 말아야 된다는 것을 자연 속에서 배운다.

지난 젊은 날들 중, 후회되는 일이 있었다 해도 지금 어쩌겠는가. 하지만 그때 내가 다르게 판단했다면 결과가 어떻게 되었을까 하는 생각은 오늘도 떨쳐 버릴 수가 없다.

아침에 눈을 뜨면 방문을 열고 창밖, 산 위의 사철 푸르고 늠름한 소나무들을 본다. 어떤 일을 두고 선택의 기로에 서면 저 소나무처럼 당당해졌으면 좋겠다. 하늘의 비행운 같은 지난 일에 대한 생각은 지워버려야겠다.

지금은 초여름! 푸르른 청춘이다.

무형의 유산

 넓은 마당에 코스모스가 흐드러졌다. 저 많은 꽃이 다 씨를 맺으면 내년에는 온 마당이 코스모스 밭으로 변하지는 않을까. 그렇게는 되지 않는다. 많은 씨앗 중에서 아주 단단하고 실한 것 한두 개 남아서 싹을 틔울 것이다. 긴 장마와 오뉴월의 뙤약볕을 못 견뎌내는 것은 시들고 지금처럼 겨우 두세 송이 남아서 넓게 자리를 펼치고 가을을 피워 내리라.
 "금수저도 아니잖아요."전화로 질책하는 듯한 말씀에 온몸에 힘이 빠진다. 큰아이의 늦은 혼사를 채근하시는 것은 고마운 일이지만 하필 금수저라니.
 요즈음 결혼의 세태는 본인의 능력도 중요하지만 경제력을 갖춘 배경이 필수라고 한다. 항상 도와줄 수 있는 부모의 재력이 뒷받침 되어야한다는 말이다. 언제부터 방송에서 금, 은, 흙수저를 거론하더니 순식간에 경제력의 등급으로 자리해버렸다.

특히 부를 축적한 가진 자들의 입장에서는 환영할 유행어다. 하지만 태어날 때부터 금수저를 물고 세상을 사는 이가 얼마나 될까. 비록 흙수저의 환경에서 자랐지만 인생의 희로애락을 경험하며 자수성가한 사람들이 더 많지 않은가. 내 주변에만 보더라도 험한 세파를 모른 채 부모의 유산을 아낌없이 펑펑 쓰며 궂은일에는 손대지 않고 귀한 몸인 것처럼 살던 사람들이 나이 들어서 노숙자가 되거나 남에게 빌붙어 사는 것을 종종 본다. 남에게 받아서 사는 것이 습관처럼 되어서 그런지 부끄러운 줄도 모르는 것 같다.

 금, 은, 흙수저의 말을 어떤 근거로 지었을까. 금은 닳으면 없어질 수 있고 흙을 빚어 도자기로 구워내면 천년 넘게 지탱할 수 있는 청자나 백자가 될 수도 있다는 것을 몰랐단 말인가. 금수저를 입에 물려주는 것보다 흙수저도 금, 은보다 단단해지고 아름다워 질 수 있다는 것을 일깨워주는 교육이 앞서야 되지 않을까.

 금이 형성되는 과정에서 어찌 흙을 배제 시킬 수 있을까. 부모는 금수저를 물렸다는 우월감보다 흙속에서 결국 단단한 금이라는 광석이 이루어진다는 것을 알게 하는 유대인의 교육법을 자녀들에게 심어주어 지혜로운 삶을 살아갈 수 있도록 컨트롤해야 한다는 생각이 든다.

 부모님의 유산과 평생 힘들게 모은 많은 재산을 근검절약하여 오롯이 자식에게 남기고 싶은 것은 어쩔 수 없는 본인의 마음이지만 많은 부를 이루었다고 금수저 운운 하는 것은 듣는 상대방을 울적하게 만드는 일이다.

대부분 형제들의 다툼은 부모가 남긴 재산을 서로 가지려는 욕심으로 생긴다. 나중에는 법정에까지 서게 되는데 그 결과로 평생을 서로 원수처럼 지낸다. 그러한 원인이 재산을 남겨준 부모 탓이라고 생각하기 때문에 물려준 재물에 대한 고마움도 모르고 더 못 가져서 서로 아웅다웅 하는 것이다. 그래서 재물보다는 인정을 물려주어야 할 것 같다. 재물은 써 버리면 없어지지만 정은 쓸수록 다시 생겨서 줄수록 행복하여 어디서나 늘 가슴을 훈훈하게 달구어주는 불씨로 남아있어서다.
 팔순 중반의 아버지는 내 여동생의 병을 걱정하시다가 방안에서 넘어져 회복을 못하셨다. 입맛을 잃어 다리에 힘이 풀린 까닭이었다. 평생을 약도 잘 드시지 않고 밥이 보약이라며 정갈한 음식을 드셨는데 늘 피부가 맑고 건강하셨다. 벽에 부딪힌 머리의 혈관 파열로 의식을 잃으신 후, 닷새 만에 세상을 뜨셨다. 평소에는 어려워 가까이 가지 못한 아버지를 마사지 해 드리다가 한 뼘이나 되는 하얗고 긴 발바닥의 흉터를 보고 깜짝 놀랐다. 그제야 내 어릴 적에 종종 들었던 할머니의 이야기가 떠올랐다. 할아버지를 일찍 여읜 후에 찢어진 신발을 신고 다니다가 사금파리에 찔려 발을 많이 상했다는 이야기를 하셨다. 그때만 생각하면 아찔해진다며 할머니는 손으로 가슴을 쓸어내리셨다. 그래서인지 아버지는 평상시에 늘 구두를 신으셨다. 효자였던 아버지는 평생을 술을 과하게 마시거나 과식도 하지 않으셨다. 어릴 적의 힘드셨던 일들을 거울삼아 늘 절제하며 사셨기 때문에 우리형제들은 아버지를 어렵게 여기며 존경하였다. 팔순을 넘기며 어린아이처럼 되셨는데 환하게 밝은 모습에

천진스런 미소는 바라만 보아도 우리를 웃게 만드셨다. 아버지는 마치 주렁주렁 달린 사과나무처럼 쳐다만 보아도 풍족해지고 행복해지는 그런 사랑을 주셨다. 그것은 돈으로도 살 수 없는 귀중한 선물이어서 지친 우리가 아버지랑 식사라도 같이하면 어릴 때의 보살핌을 받던 그 기억만으로도 삶의 시달림을 잊을 수 있었다.

 모든 일에 돈이 필요한 자본주의 사회지만 혈연관계에서도 내가 더 잘 살아야겠다는 이기심은 자녀들과도 멀어지고 결국 혼자 남을 수밖에 없을 것이다. 수저를 문제 삼지 말고 수저로 먹을 수 있는 정성스레 지은 밥과 조화로운 반찬이 있는 밥상 앞에서 가족이 화합하는 것에 중점을 두어야 하지 않을까.

 금수저에 열 받아서 하루를 허둥지둥 보내버렸다. 해 질 녘, 마당으로 나갔다. 코스모스의 잔가지를 다듬고 허투루 맺은 씨방은 잘라내었다. 많이 피었다고 다 싱싱하고 올바른 꽃이 아니어서 몇 송이라도 싱싱하게 잘 자란 꽃을 남겨두고 싶어서다. 꿀벌 서너 마리 날아와 분홍꽃잎에 앉는다.

구월이 오면

　유월의 장마가 늦게 시작되더니 구월 초입이라도 오락가락하는 비는 그칠 줄을 모른다. 긴 장마 탓에 잡목은 우거지고 흙이 패여서 산속의 오솔길도 막혀버렸다. 채소와 과일값이 폭등하여 서민들의 살림살이는 더 어려워졌다.
　연초부터 시작된 코로나19의 세계적인 대유행은 많은 사상자를 내었고 호흡기로 쉽게 감염되는 탓에 외출 시에 마스크는 필수가 되었다. 나은 후에도 후유증이 심하고 날씨가 추워져 독감이 성행하면 걷잡을 수 없다고 한다.
　윤사월이 끼어서인지 추석은 평년보다 보름정도 늦게 드는 것 같다. 한 낮의 더위는 그대로지만 아침저녁으로 선선해지면 문득 어머니가 보고파진다.
　유난히 사람들이 모이는 것을 좋아하셔서 집에는 늘 먹거리가 많았다. 명절에는 여러 가지의 제사음식을 준비하고 찾아오는 손님들을 대접하였다. 그때는 어머니의 잔심부름이 귀찮았지만

지금의 내가 차례도 지내지 않으면서 이것저것 준비해서 나누어 먹는 것을 즐기는 것은 아마 몸에 배인 습관인가 보다. 하지만 그중에서 제일 생각나는 것은 설빔이다.
 예전에는 물품이 귀해서 상점에서 물건을 해 왔을 때를 놓치지 않아야 마음에 드는 좋은 옷을 살 수가 있었다. 옷을 사놓은 한 달의 기간 동안 우리 형제들은 난리를 부렸다. 하루에 한번은 옷을 입어보고 자기 전에는 장롱 안에서 꺼내 머리맡에 두고 추석날 있을 즐거운 일들을 상상하며 잠이 들었다. 명절날, 마루에서 새 신발을 신고나와 마당에서 첫 흙을 묻히며 할머니 댁으로 향하던 그 상큼함은 지금도 잊을 수가 없다.
 올 추석은 코로나 바이러스의 감염 때문에 흩어져 사는 가족이나 친척들의 만남도 피해야하는 상황이다. 어릴 적, 친구들과 어울려 고무줄놀이, 술래잡기, 마당에 가마니를 접어 깔고 널찍한 나무판 위에서 널을 뛰던 그 시절이 그립다. 슬그머니 내려앉는 회색빛 하늘을 본다. 비가 오려나보다.

한국적인 정서

　새벽이면 습관처럼 거실 뒤쪽의 창가로 간다. 멀리 보이는 바다는 먹빛의 고요 속에 묻혀있다. 깜박거리는 등대의 불빛조차 운무에 덮여 흐릿하다.
　수평선에서 주홍빛햇살이 퍼지며 점차 해무를 걷어낸다. 살랑대는 나뭇잎사이로 달큼한 갯내음이 실려 온다. 오월의 아침, 파도는 철부지 아이처럼 쪼르르 달려온다. 덮칠 듯이 밀려오는 동해안의파도와 넘실거리는 남해안의 파도와는 대조적이다. 쉴 곳 없이 달려온 먼 여행길에 지쳤나 보다.
　전혀 예상하지 못했던 딸아이의 이사로 자주 제주도에 오게 된다. 삼화지구의 검은 모래 해수욕장이 있는 곳이다. 바람 많고 비가 잦은 습한 기후지만 한 사흘 지나면 잘 적응하는데 아마도 남해바닷가가 고향인 탓인가 싶다. 강한 햇볕과 뺨을 스치는 서늘한 바닷바람의 감미로운 촉감이 어릴 적의 풋풋하던

감성을 일깨워주고 어디서나 만나는 여행객들의 기대에 찬 초롱초롱한 눈매는 생동감을 느끼게 한다.

 신축된 아파트 단지 옆에 나지막한 유리지붕의 선사시대유적지가 있다. 처음엔 아파트의 환기통인줄 알고 지나쳤는데 자세히 보니 고대의 움집자리와 독널무덤, 출토된 빗살무늬토기들을 매끈한 황토바닥 위에 진열하고 그 내력을 자그마한 표지판에 적어 놓았다. 선사시대의 돌무덤의 일종으로 알려진 고인돌을 벤치마냥 군데마다 두어서 고요함이 흐르는 한국적인 정서에 걸맞은 잘 가꾼 정원을 보는 듯하다. 독널 무덤은 초벌구이한 황토독 두 개를 서로 맞물려 놓고 주검들의 크기와 나이를 가늠해 볼 수 있을 정도로 적나라하게 드러내놓았다. 아파트에 사는 대부분의 젊은 사람들은 바쁜 일상으로 무관심한 탓인지 전혀 거부감을 느끼지 않는 것 같다. 그 옆의 놀이터에서 들리는 아이들의 즐거운 소란스러움과 정적만이 감돌며 무언의 힘으로 사람을 끌어당기는 유적지는 삶과 죽음의 차이점을 느끼게 한다. 자그마한 토분을 눈여겨보던 나는 깜짝 놀라서 뒤로 물러섰다.

 꼬맹이 소녀 적, 봄 소풍을 자주 가던 야트막한 산모롱이에는 유달리 깨어진 항아리 조각들이 많았다. 그 조각 사이로 솜틀이 송송 난 할미꽃을 비롯하여 온갖 야생화가 동산을 이루었다. 통통하게 살이 오른 삐삐를 뽑아서 도르르 말려진 껍질을 까면 하얀 보푸라기 같은 속살이 나왔다. 껌처럼 꼭꼭 씹다가 뱉거나 삼키곤 했었는데 그런 후에는 입안에 풀내음이 가득했다. 동네 친구들과 손에 들꽃을 한줌 꺾어 들고 집으로 온 날,

다시는 그 곳에 가지 않겠다는 약속을 받아내며 어머니는 회초리로 내 종아리를 내리쳤다. 내가 꺾어온 꽃들은 개울에 버려지고 굵은 소금세례도 받았다. 잠들기 전, 깨어진 옹기사이로 고개를 내밀고 바들거리던 가냘픈 꽃잎들이 눈앞에 아롱거렸다. 꿈속에서는 어려서 잃어버린 사촌동생 영희를 찾아 안개 속을 헤매고 다녔다.

 어머니의 어린 여동생 둘도 홍역을 앓다가 그 곳에 버려졌다고 하였다. 간혹 해질녘이면 누굴 기다리는 듯이 먼 산을 바라보곤 하던 어머니의 모습이 떠올랐다. 어릴 적의 정겨웠던 동생들을 떠올리며 그리워한 어머니가 생각나서 가슴속이 짜안했다. 저 토분 속에 들어있었던 주검들도 누구에게는 너무나 소중한 인연이었으리라. 사뭇 숙연해지는 마음을 금할 수 없었다.

 길가의 돌멩이 하나를 주워 본다. 송송 난 구멍사이로 초록빛 바다가 보이고 그 바다 속 깊은 곳에 몸 구르며 내는 소라의 노랫소리가 들리는 것 같다. 작은 조약돌이지만 본래는 바위였다가 화산폭발로 시커멓게 그을리고 부스러진 구멍들에는 지난했던 이야기들이 담겨 있다.

 하찮은 돌멩이 하나에도 지금까지 부대낀 온갖 흔적들이 남아있듯이 인생의 육십령 고개를 넘은 사람의 정신세계는 어떤 모양이며 무슨 빛깔의 무늬들로 짜여있을까. 발길마다 부딪친 상처들을 고스란히 그림으로 그려 넣고 있는 것은 아닌지. 날이 선 성질들이 이제는 깎이고 다듬어져서 누구나 편히 앉을 수 있는 저편의 고인돌 같았으면 좋겠다. 지울 수 없는 흔적은 스스로 만드는 것이기에. 유채꽃밭을 노니는 나비들이 한가롭다.

여름, 그 터널 속에서

  습한 무더위가 기승을 부린다.
  해마다 더위에 지쳐 글감이 막혀버리면 서점을 찾는다. 읽을 만한 책을 몇 권 사서 제습기능의 에어컨을 튼 시원한 집안에서의 독서는 책 속에서 새로운 세상을 경험하게 된다. 글쓴이의 사상이나 내용을 접하게 되면 혼자라도 외롭지 않다. 도올 김용옥의 『슬픈 쥐의 윤회』는 「대승기신론」에 관심 있는 내 오감(五感)을 자극하기에 충분한 제목의 책이었고 제일 싫어하는 쥐의 이야기지만 어떤 윤회인지 궁금증을 일으켰다.
  도올이 키우는 닭이 매일 한 마리씩 닭장 안에서 사라진다. 아무리 찾으려 해도 알 수 없었던 범인이 닭장 바닥을 파내고서야 쥐라는 것을 알게 되고 어렵사리 구한 쥐약을 음식물에 섞어 놓는다. 그런 줄 모르는 어미 쥐는 음식물을 물어다 새끼 쥐들에게 먹여 모조리 죽게 만든다.

보통은 예사롭게 여길 미물들의 죽음이었다. 닭을 죽여 배를 채우던 쥐가 그 닭을 키우던 주인에게 죽임을 당하는 닭장 밑에 살던 쥐의 이야기였지만 이 것이 있으므로 저것이 성립되는 연기(緣起)법도 연상 할 수 있었다. 격식을 갖춘 쥐의 수목 장을 지낸 도올의 행적은 이 시대 기인이라 할 수 있겠지만 글속에서 '나니까 할 수 있다'는 오만함은 백세를 넘긴 유명한 철학 교수의 겸손함과 견주니 조금 이질감이 느껴졌다.

스스로 글의 줄기를 풀어내기 힘들 때 타인의 작품세계로 시간여행을 하면 소재를 찾는 경우가 종종 있어 몇 권의 책속을 헤매었지만 한번 멈춘 사고는 깨어나지를 않는다.

감성은 환경적인 요인이 지배하는가 보다. 더위 탓도 있겠지만 글감이 떠오르면 줄거리가 잡히지 않고 겨우 적어 놓으면 제목이 생각나지 않는다. 내 잠재의식 속에는 좋은 글감들이 많을 터인데 사고의 문턱에 무엇이 걸린 것처럼 형상화 되질 않는 것이다. 머릿속이 텅 빈 것 같다. 그럴 때는 일을 벌여야 한다. 옹달샘을 만들기로 하였다.

비가 조금만 와도 황토고방 밑은 축축하고 물길이 생겼다. 오래 묵힌 엑기스가 담긴 항아리들의 배꼽언저리에는 하얀 분말의 그림이 그려졌다. 옛날, 고방 옆에 간이 샘터가 있었는데 마당 안이라 막아버렸다는 말을 들은 적이 있어 그 곳을 파보기로 하였다. 돌멩이 몇 개를 걷어내자 다져진 흙덩이 사이에서 살그머니 맑은 물이 밀려 나왔다. 호미로 흙을 긁어내니 '초르르' 물들이 모여든다. 호미로 시작했지만 괭이가 필요하였고 나중엔 삽까지 동원해서 작은 웅덩이를 만들었다. 너무 깊거나

넓으면 길고양이나 야생동물들이 빠질까봐 깊이 파지 않았지만 주변에 자잘한 돌까지 쌓다보니 며칠이 걸렸다. 물길도 틔어주어 하수구로 연결시켰다.

 신기하게도 고방 안 바닥의 흙이 마르기 시작했다. 물길에 바닥이 다져져서 푸석거리던 흙들이 단단한 시멘트바닥처럼 되었다. 옹달샘은 처음엔 흙탕물이었지만 차츰 맑아져서 지나가는 구름도 물속에 잠시 모습을 비춘다.

 코로나 팬데믹에 심신이 위축되고 갑갑함을 느끼던 차에 눈길 둘 곳이 하나 더 있으니 한결 마음에 여유가 생긴다. 샘을 팔 때 힘들어 아팠던 근육의 통증도 점차 사라졌다.

 저 옹달샘에 맑은 물이 넘쳐흐르듯이 막혔던 생각의 물꼬를 틔우고 싶다. 소슬한 바람에 그리움이 밀려와 글 쓰지 않으면 잠 못 자는 밤도 오지 않을까. 봉오리가 차오르는 국화꽃 앞에서, 찬 공기에 곧 시들 꼬마장미꽃을 보노라면 시심(詩心)가득한 마음으로 책상 앞에 앉게 되리라. 마스크를 끼고서도 서로에게 불신이 싹트고 하루를 조심하며 지내야하는 부대낌 속에서 자꾸만 무디어지는 감성의 촉각들을 잘 다스려야겠다.

 지난 일들을 되새기며 잘못한 일은 반성하고 들썩거리는 마음도 가라 앉혀야 될 것이다. 빛나는 태양과 후두둑 떨어지는 빗줄기에 고마움을 느끼고 잎을 떨군 나목에게서는 겸손을, 맑게 솟는 옹달샘 앞에서 미덕과 지혜를 얻으리라. 두 팔을 벌려 지나는 바람을 느낀다. 자유롭다. 어느 곳에 스승 없는 곳이 있으랴. 배추 밭의 흰나비 떼들. 저 나비의 한갓진 날갯짓에도 숨겨진 지혜가 있겠거니. 시원한 바람 한줄기 뺨을 스친다.

남국에서

폭우가 내린다. 치앙마이 산상의 도이스텝사원이다. 차에서 내려 비닐 우비를 입고 기계식 에스컬레이터로 4층까지 올라갔다. 경내에는 신발을 벗고 맨발로 다녀야했다.

쏟아지는 빗줄기를 그대로 맞는다. 발바닥으로 전해오는 대리석의 차가움, 발등을 두드리는 비의 속삭임, 거리낌 없이 자연과 하나가 된다. 한걸음 내디딜 때마다 밟히는 생명체를 아끼는 진실한 마음을 가져야하리라.

사춘기 때 더러 비를 맞은 적이 있었다. 비 내리는 언덕에서 높은 파도로 술렁거리는 바다를 내려다보면 그 속으로 빨려들어 조각배처럼 유랑할 수 있을 것 같은 유혹을 느끼기도 하였다.

비는 '흔들리는 비애'라며 김수영 시인은 시로 읊었지만 마음을 차분히 가라앉히는 묘약 같기도 하다. 타국에서 비를 맞으

며 몸이 젖는 것도 상관없이 상쾌함을 느끼는 것은 황금빛사원과 그곳을 찾은 사람들의 맑은 눈빛 때문일까.

　코끼리학교에서 펼쳐지는 영리하고 귀여운 코끼리들이 코에 붓을 물고서 그리는 나무나 열매 등의 풍경화는 너무나 정교하여 보는 이들을 놀라게 하였다. 아기 코끼리 때부터 교육을 받아 지능 지수대로 화가, 운동선수, 짐꾼, 농사꾼의 네 단계로 나누어진다고 하였다. 고약한 냄새는 참기 힘들었지만 풀과 줄기로 뭉쳐 나오는 코끼리 배설물을 말려서 연료로 쓴다고 하니 새삼 코끼리가 소중하게 여겨졌다.

　대나무 뗏목을 타고 매땡강을 탐사하였는데 전날 쏟아진 폭우로 강물이 불었지만 앞과 뒤에서 뗏목을 모는 두 사공의 기술이 훌륭하여 스릴 있게 즐길 수 있었다.

　태국의 최북단인 메사이다리를 건너 미얀마 입경 후에 도착한 타킬렉국경시장은 파시의 시골장터처럼 썰렁하였다. 메콩강에서 쾌속보트를 타고 태국, 미얀마, 라오스 삼국을 가로지르는 골든트라이앵글은 강폭이 넓어 바다 같았다. 그 발원지가 중국의 황하라고 하여서 광활한 중국 대륙을 생각나게 하였다.

　치앙라이의 백색사원은 종교화가 슬럼차이교수의 개인 사원이었다. 극락세계를 표현하였는데 꿈속에 어머니가 지옥에 빠진 것을 보고 순수한 영혼을 기리며 짓기 시작한 백색의 사원은 순백의 얼음왕국에 온 것 같았다. 황금빛의 멋진 화장실이 특이하였다. 방콕에서 치앙마이, 치앙라이를 거치는 이번 여행은 태국의 농경사회를 체험해보았고 가난하지만 행복지수가 높은 국민들의 해맑은 눈빛에서 사람은 자연과 멀어질수록 정신

과 몸이 피폐해진다는 것을 느낄 수 있었다. 이별을 의미를 가진 리라와디꽃향기에 취해서 다 같이 '베사메무쵸'를 노래하였다.

 달콤하고 부드러운 음성의 안드레아 보첼리의 '베사메무쵸'에 가을이 익는다.

2부
고난의 행로

인생의 뒤안길

　문장의 묘사에 대해 공부하고 있는데 닫혀있던 철제문이 비식 열렸다. 휴식시간도 없이 두 시간을 내리 수업을 하던 터라 스무 개의 눈동자가 일제히 문 쪽으로 향했다. 낯선 노신사가 안을 들여다보며 멈칫거린다. 누굴 찾아왔다고 했다. 밤색바탕의 체크무늬 베레모를 쓰고 같은 색의 양복을 얌전하게 입은 노신사는 사십 오륙년 전에 같이 근무했던 여직원을 찾고 싶다며 문인 협회 회원들의 주소록을 볼 수 없겠냐며 사무실로 들어섰다.

　노신사의 표정에는 자신을 잘 다스린 절제된 멋이 풍겼다. 아주 오래전에 같은 사무실에서 근무하던 여직원과 서로 사랑했던 적이 있었는데 자신은 결혼을 한 처지라서 그 여성을 돌볼 수가 없었고 서울로 이사를 갔다고 했다. 소문에 그녀가 딸을 낳았다는 소식을 들었지만 차마 용기가 나지 않아서 연락 할

수가 없었다고 했다. 이제는 아내가 세상을 떠난 지 일 년이 지나고 그녀를 만나도 죽은 아내가 이해 할 것 같아서 그녀를 찾아 왔다고 하였다.

 마침 우리의 지도교수가 옛날의 그 여자 분을 잘 알고 있어서 그녀의 근황을 이야기 해 줄 수 있었다. 안타깝게도 지금 찾아 온 신사분과의 사이에서 딸을 하나 낳았고 몰래 그 딸을 키우다가 몇 년 전에 세상을 떠났다고 말했다. 그 말을 들은 그는 큰 충격을 받은 듯이 비틀거렸다. 보는 사람이 안쓰러울 정도로 창백한 안색이 되어 허둥거렸다. 조용히 가라앉은 분위기에서 물 한잔을 마신 그는 중절모를 고쳐 쓰고 '소중한 시간들을 빼앗아서 죄송하다'고 거듭 사과하며 나갔다.

 그날 밤, 잠이 오지 않았다. 낮에 찾아온 그 남자의 이기심에 화가 났고 자신이 사랑한 남자의 아이를 몰래 키우다가 이슬처럼 스러져버린 선배작가를 생각하니 안타까웠다. 애초에 가정을 가졌으면 그녀를 사랑하지 말았어야 하지 않을까. 결과를 뻔히 아는 그녀는 왜 불나방처럼 그와 사랑을 시작 하였을까. 꼬리를 무는 의문점에 한동안 멍하니 정신을 차릴 수가 없었다.

 살아오는 동안, 저마다 삶의 질곡에 시달릴 때가 더러 있다. 그런 경우에 서 찾아야 할 답은 '바른 길'이다. 때로는 외로움과 허허로움에 뭔가를 채워 넣고 싶은 욕망을 느낄 때도 있다. 그럴 때는 조용히 마음을 가라앉히는 수행이 필요하다. 혼자서는 살아 갈 수 없는 세상이기에 먼저 부모님을 욕되게 하지 않을까를 생각해야한다. 내가 절로 태어 난 것이 아니고 부모님께

육신을 물려받았기 때문이다. 그래서 건강을 지키며 몸을 보살피고 욕되게 살지 않는 것이 부모님께 효도하는 첫 번째의 일이라고 여긴다.

달리 생각하면 그 노신사를 이해 못할 것도 아니다. 그는 젊었을 때 서로 사랑 한 그녀를 잊은 적이 없다고 말했다. 그러면 다른 여자를 가슴에 품고 있으면서 단지 가정의 평화를 위하여 그녀가 그리운데도 지금껏 참고 견디었다는 그 노신사의 말은 어떻게 이해를 해야 할까.

남자들은 대부분 자신이 처한 입장에서 가부장적인 책임감과 성취감을 느끼며 사는 것 같다. 그에 비해서 여자들은 한 끼니를 거르더라도 달콤한 사랑에 취하기를 바란다. 세상이 변하여 물질만능시대라 경제력이 앞서는 선택도 더러 있겠지만 순수한 사랑의 잣대로 재어 본다면 남자는 성취감, 여자는 상대에게 기댈 수 있는 안정감과 사랑이 우선이 아닐까하는 생각이 든다.

한참의 세월이 흐른 지금도 간혹 그 노신사 생각이 난다. 혹시 병이라도 났다면 사랑했던 그녀와 함께하지 못한 것에 대한 회한에 젖어 사는 것은 아닌지, 기왕이면 마지막까지 지켜 준 자기아내에 대해서 생각하고 잘 한 선택이었다고 자신을 다독거리며 살기를 바란다.

내가 젊었던 그때는 분개하고 그 노신사를 이해 할 수 없었지만 나이 들어보니 지나간 많은 소중했던 일들이 이제는 가슴에 비행운이 되어 남아있다.   경험 했던 일들이 어느 땐 생활 속에서 지혜가 되기도 하고 남을 이해하는 폭도 넓어져서 쓴 웃

음을 지을 때가 더러 있기 때문이다.
 이제는 남을 좋아하고 미워하는 일도 조심해야한다. 가슴에 앙금이 남지 않기를 바라는 마음에서다. 한 포기의 풀과 벌레도 밟히지 않기를, 내 상처가 아프면 남의 상처도 아픈 줄 알기에.

고난苦難의 행로行路

올 여름은 유난히 길게 느껴진다. 늦은 장마로 인한 습한 기온 탓에 움직이기만 하면 땀이 주르르 흐른다. 하루 세끼의 식사도 간편한 메뉴로 챙겨 먹는다. 지구 온난화는 간편하고 편리함을 추구하는 인간의 이기심으로 만들어진 결과다. 자연을 활용하며 훼손하지 않는 것이 최상의 방책이겠지만 옛날의 방식으로 다시 되돌리려니 실행이 힘들어 이렇다 할 방도가 없는 것 같다.

TV 채널을 돌리다가 더위도 잊을 만큼 눈이 번쩍 뜨이는 충격적인 영상을 보았다. 다크 레드 포레스트 〈dark Red Forest〉. 티베트 고원에 위치한 야칭스 수도원에서 수행하는 비구니들의 생활을 녹화형식으로 줄거리를 엮었다.

EIDF 2022년 〈제19회 EBS국제 다큐 영화제〉의 개막작 〈다크 레드 포레스트〉의 감독, 진화칭은 신앙에 헌신하는 여성

들의 수수께끼 같은 삶을 들여다본다. 그리고 혹독한 자연에 둘러싸여 바깥세상으로부터 단절 된 채 살아가는 이들, 삶의 가장 큰 의문에 대한 종교적인 탐구의 결과물을 엿보게 해준다. 매년 가장 추운 계절의 100일 동안 수행에 전념하는 여성들. 눈밭 위에 나무토막으로 칸막이를 치고 천이나 비닐을 덮어 씌어 칼바람을 피하는 거처는 열악하기 그지없어 보는 이를 애타게 한다. 가족으로부터 멀리 떨어진 채 모든 것을 희생하고 스승에게 인정받길 바라며 서로에게 자신을 맡긴다. 수행 기간이 끝나면 지배국인 중국에서 해체명령을 내리지만 대부분 그곳에서 더 지낼 수 있기를 바란다.

*그녀는 어릴 때부터 집이 곤궁하여 열다섯 나이에 시집을 왔다. 열 살이 많은 남편은 술을 많이 마시고 노름을 하였다. 돈을 잃은 날이면 화가 풀릴 때까지 그녀를 실컷 두들겨 패었다. 장소를 가릴 것 없이 마당이나 길바닥에서도 발길질을 하여서 매번 그녀는 의식을 잃었다. 그 당시 이 광경을 본 아이들은 놀라서 도망가고 그녀는 죽었으리라고 여겼다. 그런데 그녀는 죽을 수조차 없었다. 막내가 아들이고 위로 딸이 다섯이어서 그녀의 목숨 줄을 붙잡았던 것이다. 어느 날, 노름으로 크게 돈을 잃은 남편은 홧김에 농약을 마시고 죽어버렸다. 그녀에게 남은 것은 남편의 노름빚과 어린 여섯 아이들, 오막살이 집 한 채였다. 사람 되기를 포기해 버린 것처럼 닥치는 대로 일하고 남의 밭에 있는 것을 가져가기도하였다. 그렇지만 누구도 그녀를 말리는 사람은 없었다. 너무도 열악한 환경 속에서 살아나려고 발버둥치는 모습에 다들 동정하였다. 자식들은 컸고 인물이 괜

찮은 딸들은 시집보내고 동네 앞에 논마지기도 장만하였다. 오두막도 현대식으로 새로 지었다. 그러는 사이 그녀의 나이는 구십을 넘겼다. 집에는 나뭇단이 수북이 쌓여 있었다. 옛날, 땔감이 궁하던 그 시절이 생각나서인지 우리 산에서 시나브로 나무를 가져다 놓고 아궁이에 불을 지폈다. 분별력이 모자란 나이라 그랬는지 산더미처럼 쌓아놓은 나뭇단에 불이 붙어서 집이 불에 탔다. 그런 일이 있고는 넋이 나간 듯이 멍청해 보이더니 새로 지은 집이 마음에 들지 않는다며 집안에 잘 들어가지 않고 밖을 나돌아 다녔다. 여름 날, 나무 밑의 평상에 있던 동네사람들이 말려도 시동이 걸린 트럭 뒤로 다가가더니 후진하는 차에 부딪쳤다. 괜찮은 상태로 병원에 갔지만 검사 도중에 심정지로 사망하였다. 죽으면서도 상당한 보상금을 자식들에게 남겨 준 것이다. 설산에서 수행도중에 사망하면 시신을 그대로 언덕 위에 버렸는데 기다렸다는 듯이 까마귀 떼가 달려드는 것을 보았다. 죽음조차도 자식들에게 소신공양을 올린 것 같아 그녀가 설산의 수도승과 별반 다를 게 없다는 생각이 들었다. 젊어서 남편에게 두들겨 맞고 평생을 중노동으로 자식들을 키워 냈지만 깡마른 몸매에 허리가 꼿꼿하였다. 작은 체구가 그물사이를 피해가는 바람처럼 당당해 보여서 어떤 불행이 와도 맞설 수 있을 것 같았다. 그녀는 세속에서 몹시 시달려야하는 수도승 이었을까.

　*초하루, 이른 아침에 길을 나선다. 한 달에 한번, 내 자신을 정화 시키는 날 로 정해 놓았다. 이 날만은 누구의 방해도, 인연에 걸린 구속도 벗어나서 자신 만을 위하는 날이다. 차창 밖

의 풍경으로 계절을 탐하고 헐거워진 마음을 다독거리며 좀 먼 거리의 사찰로 향한다.

 정든 고향과 부모님, 형제들을 떠나서 전혀 낯선 도시의 다른 집안의 구성원이 되는 것은 힘들고 슬픈 일이었다. 더구나 출산의 고통과 그 후유증의 아픔으로 젊은 시절을 어둡게 보냈다. 기쁜 일도 많았지만 그 부피만큼 슬픔도 함께한다는 것을 알게 되었을 때 내 자신을 보살펴야 한다고 결심하였다.

 짐을 한껏 짊어진 낙타가 시시각각 변하는 모래 언덕을 지나며 목마름을 참을 수 없을 때면 낙타 가시 풀을 뜯는다. 가시 풀독에 마취되어 고통을 잊은 낙타가 입안에 고인 자신의 피로 목마름을 해소하며 연명하듯이, 삶 속에서 어떤 힘든 일의 고통이 닥치더라도 이겨내야 하는 것이다. 아픔으로 생긴 경험은 때로는 마음속의 치료제가 되기도 하고 자신을 지키는 방패가 되기도 하리라.

 현명한 이는 삶의 고달픔을 알고 깨달음을 얻고자 구도의 길을 택하지만 어리석은 이는 어려움을 겪고서야 힘들게 난관을 헤쳐 나간다. 모든 것이 각자가 타고난 *업장에 따라 삶이 결정되는 것일까.

 가을햇살이 참 곱다. 오늘은 내 삶의 어떤 모래언덕이 기다리고 있을까.

 * 업장 : 전생에 지은 업으로 이 세상에서 받는 장애

고독

바람에 실린 짙은 국화향기에 정신이 몽롱하다. 삶의 질곡에서 헤매던 때, 너로 인하여 내 빈 뜨락에 한 송이 꽃을 가꿀 수 있었다.

오늘은 유난히 네가 생각난다. 가을 들판의 억새는 바람을 흔들고, 내 가슴에는 하얀 강물이 흐른다. 텅 빈 가을 들판에는 낙엽만이 뒹굴 뿐, 너의 솔바람 향기는 어디에도 없다.

구속을 싫어하여 이리저리 세상을 떠도는 너를 사랑하는 것은 내가 무척 바람을 좋아한 탓일 게다.

어릴 적, 바람이 부는 날이면 가만히 있지를 못하였다. 그런 날이면 바람은 내 옷자락을 끌고, 바닷가로 공원으로, 숲으로 다녔었다. 밤이면 두 팔을 잠자리 날개처럼 펴고서 새처럼 밤새도록 날았다. 그걸 자랑하면 "키가 클 라고 안 그러나, 내도 어릴 때는 꿈속에서 많이 날아 다녔는데?" 엄마는 친구처럼 즐

거운 얼굴로 이야기하였다. 정말 밤 새 꿈을 꾸며 키가 커진 것 같아 거울 앞에 서서 요리조리 모습을 비춰 보곤 했었다

　세월은 흘러서 어느새 내 얼굴에도 계급장이 생겼다. 거울 속에는 낯선 여자하나가 나를 바라본다. 하지만 모습은 변했어도 내 가슴속에 쌓여있는 열정은 식지 않는다.

　고독이란 만들어 진 것이 아니고 내가 그 틀에 갇히기 때문에 느끼는 것 같다. 모든 실체는 잡으려고 할수록 가슴만 허전해질 뿐이다. 놓아야한다. 객관적인 눈으로 바라 볼 때만이 판단력이 생기기 때문이다.

　한때는 모두를 내 안에 가두어 보려고 욕심도 내었다. 하지만 모든 것은 끝없이 흘러가야 되는 것, 인연 따라서 만남과 헤어짐이 결정되어지는 운명임을 뒤늦게 알았다.

　이제는 아픔도 열정도 없는 정적만이 감도는 언덕에 홀로 앉아서 조용히 바라보아야 한다.

　아, 내가 강이 되어 흘러서 가면, 사랑하는 이들은 어디쯤에서 만날 수 있을까? 그래 그렇구나! 먼 훗날 '레테의 강'에서 만나자. 우리는 그 때 누구나 감싸 안을 수 있는 안개가 되자.

　이슬을 머금은 꽃잎이 바람에 흔들리며 기지개를 켠다. 하나씩 잎을 떨구는 굳건한 나무를 바라보며 잠시 마음을 다잡는다.

빙점氷點의 봄을 앓다

춥다. 겨울 추위와는 또 다른 으스스한 한기가 온몸에 스며든다. 봄 내음새를 맡은 지 한참 되었고 삼월 말이지만 밤이면 기온은 영하로 내려간다. 겨우 고개를 내밀었던 채소들도 잎이 얼고 목련 봉오리도 누렇게 변색 되어 버렸다.

모든 일에는 한계점이 있는 것 같다. 어쩔 수 없는 환경에 접하면 극복 할 수 없는 단계에 도달하게 되고 결국에는 생과 사의 갈림길에 서기도 한다.

지난겨울은 매우 춥고 건조하였다. 그래서인지 곳곳에 불이 나서 넓은 면적의 산림을 태우고 그 주변의 주택도 무사할 수 없었다.

봄은 뒷걸음질 치며 주춤거리는데 반쯤 핀 동백은 뚝뚝 떨어져서 나무아래에 꽃둥지를 틀었다. 벚꽃은 일주일이나 빨리 피어서 가로수 길을 분홍으로 수놓았다. 몸은 춥고 마음은 봄이

다.

 운전석에 앉으면 제일 먼저 계기판의 온도를 점검한다. 습관처럼 온도 체크를 하노라면 많은 생각들이 떠오른다. 마지막 작별의 순간에 입맞춤했던 아버지의 차가운 이마의 촉감은 어쩔 수 없는 안타까움으로 가슴 한켠에 늘 머물러 있다. 그 뿐인가, 누렇게 탈색 된 채 떨어지는 백목련은 병마에 시달리다 고통 속에서 생을 마감한 이들이 떠오른다. 붉은 동백꽃이 시름없이 뚝뚝 떨어지는 밤이면 요절한 이들의 넋을 만나는 듯 안타깝다. 파노라마처럼 머릿속을 맴도는 생각들을 정리하며 운전대를 잡는다.
 어릴 적, 구정이 지나면 곧 봄이 온다는 생각에 들떴다. 요즈음처럼 봄꽃이 피어서 얼어버리는 풍경은 잘 기억나지 않는다. 내가 만났던 봄들은 훈훈한 온기로 가득 찬 날들이었다. 만우절의 웃고픈 이야기들, 짧은 치마 밑의 맨살에 느껴지던 알싸한 촉감, 바람이 실어오던 흙냄새에 섞인 은은한 꽃향기들이 가슴을 한껏 부풀게 하였다.
 내게 아버지는 계절로 치면 따사로운 봄이었다. 무거운 외투를 벗어버리고 찰랑거리는 치마를 입은 느낌처럼 아버지를 볼 때면 항상 즐거웠다. 어머니한테 꾸중을 들을 때면 퇴근하시는 아버지가 보고 싶어서 대문 밖 댓돌에 앉아 기다렸다가 집안에 같이 들어 갈 때도 있었다. 우리 형제들을 힘들고 어렵지 않게 키우려고 늘 애쓰셨다. 그러기 위해선지 평생을 절제하며 어긋나지 않으신 분, 쳐다보기만 해도 웃음이 번지고 나이 들어서는 어린아이 같은 표정으로 곧잘 웃으셨다. 하지만 성장하면서

아버지께 '고맙습니다.' 라는 말을 못했고 한번 안아 드린 일도 없었다. 으레 아버지께는 그러는 줄 알았다.
 팔십 중반을 넘기신 아버지가 뇌출혈로 쓰러지시고 깨어나지 못하셨다. 며칠을 병원에 누워만 계셨다. 마지막 온기라도 붙잡고자 아버지의 발을 만졌다. 하얗고 단정한 발바닥에 길게 줄 그어진 흉터를 보았을 때 깜짝 놀랐다. 할머니가 그토록 가슴 아파 하시던 일, 간혹 혼잣말처럼 되뇌시던 '네 아버지 어릴 적에 신발이 낡아서 발바닥이 찢어져 선혈이 낭자했다'는 그 상처를 나는 왜 돌아가실 무렵에야 보게 되었을까. 진작 알았다면 좀 더 부드러운 착한 딸이었을 텐데.
 운명하신 아버지는 격리되었지만 꼭 마지막으로 '애 쓰시고 잘 키워 주셔서 고맙습니다.'라는 인사를 드리고 싶었다. 마지막 대면으로 얼굴을 맞대는 순간, 아버지는 얼음장 같이 차게 나를 밀쳐 내시었다. 생과 사의 가늠할 수 없는 깊은 골짜기가 아버지와 내 사이를 가로막았다. 마치 불에 덴 듯이 엎드렸던 몸을 일으켰다. 어쩔 수 없이 받아 들여야 하는데 마음의 정리가 잘 되지 않았다. 실성 한 듯이 '감사합니다'만 수없이 되뇌다가 주저 않고 말았다.
 엄하셨지만 집안에는 늘 음악소리가 들렸고 어려운 사람들의 발길도 끊이지 않았다. 어머니를 일찍 보내시고 말년의 외로움이 오죽 하셨을까. 뒤에 맺으신 분과도 잘 지내셨지만 어머니에 대한 사랑은 식지를 않으셨다.
 아버지를 여읜 후에 늘 나를 감싸주던 겉옷 하나를 잃어버린 느낌이었다. 다가오기 머뭇거리는 봄날을 애써 기다리지만 마

음은 빙점(氷點) 주위에서만 맴돈다. 내 어릴 적의 훈훈했던 그 봄을 한번만이라도 맞이할 수 있을까. 아마 이제는 어려울 것 같다. 변하는 기후 탓도 있고 솜털 같았던 내 감성이 이제는 무디어져서 녹슨 철문처럼 되어버렸기 때문이다.

 백세까지 살아 본 노교수는 '행복을 욕심내면 오히려 행복을 잃어버린다.'고 한다. '이기주의자가 행복을 원하고 행복을 위해서 살 때는 행복이 없어지고 인격을 갖추어서 사람답게 살고 사회인으로서 공동체 의식을 가지고 사는 사람 중에 불행한 사람은 없다'는 것이다. 지금부터라도 사람답게 살기를 노력해 볼 일이다. 회색빛하늘 아래 봄비가 촉촉이 내린다.

숨비소리

먼 수평선에 걸린 태양은 파도치는 물결을 주홍빛으로 달군다. 온종일 뜨겁게 타오른 열정을 식히기가 쉽지 않은가 보다. 에메랄드빛 물색을 간직한 제주도의 바다는 여름이면 많은 인파로 북적인다. 어느 곳이나 같겠지만 지나친 욕심을 부리지 않는 한, 연인처럼 때로는 어머니같이 시달린 몸과 마음을 쉴 수 있는 곳이다.

답답했던 가슴을 열고 물속에 잠기면 파도는 술렁거리며 내게로 다가온다. 산을 즐겨 찾는 이들은 마음이 곧고 바다를 사랑하는 사람들은 낭만이 있는 것 같다. 비릿한 해풍에 쓸려오는 파도와 날씨에 따라 변하는 물빛과 햇볕에 답하는 윤슬은 언제 보아도 정겹다. 심해를 보면 잔잔함의 무게에서 무언의 깊이를, 촐싹대며 몰아치는 파도에서 생동감과 활력을 느낀다.

"휘~익" 인어처럼 몸을 솟구치며 숨을 내쉰다. 해녀들이다.

바다 속에 잠재된 무한대의 에너지를 찾아내는 전령사. 수산업의 양식이 발달하면서 맛이나 영양에서 차이가 나는 자연산 해물에 대한 수요가 급증하였다. 그에 따른 수익이 향상되면서 예전에는 소외계층이던 해녀들에 대한 인식이 많이 달라졌다. 극한 직업이지만 정부의 적극적인 관심으로 올해 제주해녀가 유네스코 인류무형문화유산에 등재되었다. 세계적으로 아무런 기기나 장치 없이 해산물을 채취하는 나라는 한국과 일본 두 나라뿐이고 일본의 아마(해녀)는 역사가 짧아 제주해녀가 선택된 것이다. 정부에서 생계보조금도 준다고 하니 힘든 작업으로 인해 병원출입이 잦은 그녀들에게 조금이라도 보탬이 될 수 있으리라.

　제주도에는 마을공동체사업의 일환으로 어촌계가 형성되어 해녀들이 작업한 물량을 공동판매하고 〈해녀의 집〉이 부락 단위로 있어 팔고 남은 해산물로 간이식당을 운영하기도 한다. 일반식당과는 맛이나 가격에 차이가 나서 한번 이용한 관광객들은 꼭 다시 찾게 된다.

　사계절 변화하는 기온의 차이에도 아랑곳하지 않고 가족들의 생계를 위하여 깊은 물속에 뛰어들어 목숨을 걸고 작업하는 해녀들. 그러한 책임의식은 힘든 일을 기피하는 요즈음 젊은 세대들과 비교가 된다. 산소부족으로 더 이상 숨쉬기 어려워 물 위로 고개를 내밀고 다급히 내뱉는 '숨비소리'는 살아있다는 표시며 다시 숨을 모으며 작업한다는 신호다.

　요즘 주변에 '공황장애'를 앓는 사람들이 더러 있다. 뚜렷한 병명은 없는데 세상이 빙빙 도는 것처럼 어지럽고 길을 걷다가

도 앞이 캄캄해져서 주저 앉아버린다. 병원마다 병명도 다양하다. 자율신경실조증이니 갱년기 장애, 전정기관 이상 등이다. 그래서 병원을 순례하게 되고 막대한 경비도 허비하게 된다. 대부분 정체성이 확고하고 건강에 자신이 있었던 사람들이 많은데 갑자기 환경의 변화를 겪거나 몸 속 호르몬이 균형을 잃을 때 실망감과 함께 오는 것이 대부분인 것 같다. 그 모습을 지켜보고 건강을 회복시키려는 가족들 또한 보통 고통스러운 일이 아니다.

 내 친구는 구순에 든 노모와 마흔을 바라보는 딸, 당뇨병이 심한 남편을 잘 건사하였다. 집안의 대소사까지 잘 챙기는 맏며느리 역할을 억척스럽게 해 내었다. 구순을 넘긴 시어머니가 돌아가시고 남편의 건강도 회복되어 한시름 드는가 싶더니 어지럽고 불안하고 죽음에 대한 공포를 느끼는 공황장애에 걸렸다. 친구를 보면 힘든 일이나 주변의 열악한 환경보다 마음을 어떻게 잘 추스르고 사는지가 중요한 것 같다. 무엇에나 감사하는 마음과 행복감을 느끼는 것은 자신에게도 이롭지만 가정을 화목하게 만들며 밝은 사회를 이룬다.

 하지만 늘 그럴 수는 없지 않은가. 숨이 막힐 듯 답답하고 주변 환경이 나와 엇박자를 놓을 때, 사회를 깊은 물속이라 생각하고 소리 질러 숨비소리를 내어 보자. 무거워진 속내를 털어내려고 다른 세계를 구상하며 글을 쓰듯이, 하다못해 비명이라도 질러서 비틀거리는 걸음을 바로 잡고 나를 사랑하며 집중할 수 있는 일을 만들어 보는 것은 어떨까. 지금의 삶이나 세상은 바로 자신을 위해 있는 것이기에 어설픈 병으로 아파하며

주저앉을 수는 없지 않은가. 숨 쉬는 동안에는 즐거운 시간이 되기를 스스로 노력해야 하리라.
 저 멀리 해녀의 힘찬 숨비소리가 파도에 묻힌다.

구월 장미

 붉다. 이지러진 넝쿨장미의 조그마한 꽃송이가 안쓰럽다. 유월의 따사로운 햇살과 부드러운 바람 속에서 선홍빛 탐스러운 꽃잎을 나부끼며 자태를 뽐내던 화려함은 찾아 볼 수가 없다.
 혹독했던 더위 탓일까. 힘든 일을 겪고 마음이 허허로울 때, 무언가 보상 받고 싶은 그런 심리로 저 꽃을 피운 것일 수도 있겠다. 비록 손톱만한 크기의 찢긴 듯한 꽃잎 일지라도 혼신을 다해 검붉은 꽃잎을 피워 낸 것을 보면 장미는 역시 꽃이고 싶었던가 보다. 하지만 줄기와 가시를 튼튼하게 가꾸고 정갈한 잎사귀를 가져 꽃을 피울 계절에 대비하는 것이 좋지 않았을까.
 시내 지하상가의 중앙 분수대를 지나노라면 눈길을 끄는 할머니 한 분이 있다. 처음에는 무심히 지나쳤지만 주변 사람들 이야기를 들어보고 관심을 가지게 되었다. 분수대 주변의 돌계단

에는 약속을 하였거나 물소리를 들으며 잠시 쉬는 사람들, 또는 일자리를 구하는 조선족들이 자리를 차지한다. 그중에서 유독 눈에 띄는 할머니가 보퉁이를 옆에 두고 반짝거리는 핸드백을 안고 지나는 사람 중에 누구를 찾기라도 하는 듯이 두리번거린다. 아침 일찍 오는지 늘 같은 자리에 앉아 있다. 얼굴에 바른 화장술은 구경하기에 가히 부족함이 없다. 새까맣게 물들인 머리카락, 쪼글쪼글 주름진 짧은 이마, 일본 인형처럼 하얗게 분을 바른 얼굴, 입술은 빨갛게 칠해서 입가의 주름까지 번져 있다. 가까이 가기에 겁이 날 정도다. 늘 출근하듯이 그 곳에 앉아 있어서 지하상가 분수대 하면 그 할머니를 떠 올리게 되었다. 아마 여름에는 시원하고 겨울에는 난방으로 따뜻한 그 곳이 할머니가 하루를 지내기에 즐거운 장소인 것 같았다.

 의식의 흐름이 어느 시점에서 정지해버린 것은 아닐까. 아니면 곱게 단장해서 보이고 싶은 누군가를 한없이 기다리는 것인가. 아무렇게 피어도 장미꽃이 듯이 그 할머니도 예쁘게 꾸미고 싶은 여자이리라. 할머니를 떠올리고는 장미꽃을 잘라 버렸다. 바랜 잎은 따고 웃자란 가지를 쳐서 담장 위로 얹어 모양을 다듬었다.

 모든 일은 때에 순응하는 것이 모양새가 바르고 미덕을 쌓는 첫걸음인 것 같다. 억지를 부린다고 지나간 날을 되돌릴 수는 없는 일이다. 지나친 것보다 적당한 선에서 자제할 수 있는 것이 아름다움이 아닐까.

선흘리 동백

앙증스러운 다갈색의 몸피가 매초롬하다. 어설퍼 보이던 열매 안에 어찌 이런 야문 씨앗이 들었을까.

제주도 선흘리의 동백동산은 가꾸지 않은 자연림이다. 서로 햇볕을 받고 싶어 멋대로 키가 자라고 세찬 바람에 스치어 상처 난 작은 씨방들이 나무마다 가득히 맺혀 있었다.

지역민과의 유대관계를 이루어내고, 그 지역의 문화를 발굴하며 어려운 여건의 다문화가정을 포옹하고, 사라져가는 민속 문화를 양성화 시켜 축제문화로 되살려내는 역할도 해야 되는 정부의 문화예술 활성화 정책에 동참하게 되었다.

지금까지 어떤 일을 하던지 자신이 있었지만 대학원생들이 태반이고 삼사십 대의 연수생들로 이루어진 분위기 속에서 아침부터 잠들기 전까지 토론과 탐방으로 이루어지는 일정에 내 자신을 추스르기조차 힘이 들었다.

끝맺음을 잘해야 된다는 망설임 속에서 제주도 연수를 받았다. 삼십 명이 넘는 연수생들은 제주도의 낡은 도시문화 재생 사업을 일으켜 문화생활의 발판을 만든 주역들을 만나서 그동안의 과정을 듣고 나름대로 펼쳐 낼 문화정책을 구상해보았다. 파묻힌 자연을 되살려 산책로와 올레 길을 이루고 있는 선흘리 동백 숲과 가시리마을도 둘러보며 자신들의 마을이 이루어 낼 수 있는 문화의 척도를 가늠하였다.

　동백 숲을 들어서자 조금도 꾸밈이 없는 자연림의 풋풋함에 여고 때의 제주도 수학여행이 떠올랐다. 그때는 가수 은희의 〈꽃반지 끼고〉가 유행했었는데 차창 밖으로 보이는 나지막한 구릉과 끝없는 숲길의 오솔길을 보고 연인과 다정하게 거니는 것을 상상하며 우리는 노래를 불렀었다.

　바람과 가지에 치여 상처 입은 동백씨방이 눈에 띄었다. 이 사업에 끝까지 동참 할 수 없겠다는 자괴감과 상처 입은 동백의 열매를 보자 동병상련이랄까 그 씨방을 갖고 싶었다. 화장지에 싸서 가방 안쪽에 쑤셔 넣었다.

　다음 코스로 간 가시리 마을은 제주도 중산간지역의 산촌과 어촌 마을의 느낌이 공존하고 있는 말 목초지였다. 때 묻지 않은 순수함을 간직한 것 같은 넓은 언덕에 지천으로 깔린 야생화와 간간이 서 있는 하얀 풍력 발전기가 별빛과 어우러져 끝없는 환상을 자아내고, 멀리 검은 바다는 정념으로 철썩 거릴 것 같았다. 도시민의 묵은 때를 벗겨 내고 삶에 짓눌린 가슴속의 앙금을 조금은 풀어 낼 수 있을 것 같은 자연이 위대해 보이는 곳이었다. 그 하늘 아래 있어 행복하다는 느낌으로 하룻밤

을 보냈다. 또한 가시리 주민들의 잘 조성된 문화 공간과 빈틈없이 짜인 프로그램의 공연, 우리 연수생들과 화합의 스포츠댄스시간은 즐거움과 감동의 시간이었다.

 인근지역과 동떨어진 곳이라도 지역민끼리의 소통의 장소가 있어 낮에는 힘들게 일하고 저녁에는 서로 만나 문화생활을 공유하며 즐기는 그들이 부러웠다. 아이부터 노인까지 참여할 수 있는 다양한 놀이는 모두를 즐겁게 만들기에 충분했다. 힘든 농어촌 일에 피곤하지 않느냐는 질문에 문화 센트가 활성화 되면서 일의 능률이 더 오른다고 말하였다.

 대학교를 졸업하고도 직장이 없어 학위를 따야하는 젊은이들, 외진 섬마을 탐방에서 얼마든지 일할 힘이 있으니 이곳을 개발할 일거리를 달라는 외침 아닌 절규는 시절의 불운을 탓하지 않고 사회의 한 일원으로 발돋음 하고 싶은 그들의 열정이 전해오는 듯하였다. 비록 끝까지 참여하지 못하고 끈을 놓더라도 열심히 살고자하는 젊음들의 패기를 잊을 수 없을 것 같다는 생각으로 피로를 달랬다.

 집에 돌아와서도 가방을 그대로 들고 다니다가 사나흘이 지난 후에야 동백씨방이 생각났다. 화장지를 풀어 여는 순간, '툭' 하고 씨가 터져 나오는 것이 아닌가. '어떻해' 깜짝 놀라 펼쳐보니 씨방은 하트모양으로 벌어지고 일곱 개의 씨앗이 매초롬히 씻긴 모양으로 나를 반겼다. 마치 모든 연수생들이 하고자하는 일이 열매를 맺을 것 같아 더욱 반가웠다.

 보석처럼 간직하다가 햇빛 고운 날, 동백의 씨를 심으리라. 혹 사는 곳이 낯설어 더디게 싹이 날지라도, 젊은 그들의 소망

이 이루어져서 지역문화 활성화에 디딤돌이 되는 것처럼. 동백은 튼실한 가지를 기르고 오종종한 작은 꽃을 피워서 야무진 씨방을 맺어서 퍼트리리라. 그 젊음들의 식지 않는 열정처럼.

빈 배를 보며

이른 아침, 앞을 분간하기 어려운 뿌연 안개 탓에 미로에 갇힌 느낌이다. 먼 산등성이에서 해가 돋자 길 위에 떠다니던 안개가 연분홍으로 물들며 흩어진다. 잔잔한 호수는 맺힌 한을 풀어내듯이 하얀 물안개를 연기처럼 피어낸다.

물가에 집을 지어서는 안 된다는 말을 들었다. 경치는 좋지만 물안개가 사람의 관절에 나쁘기 때문이라고 했다. 하지만 호숫가나 바닷가에 통유리의 창을 내고 사철로 변하는 풍경을 볼 수 있다면 얼마나 낭만적일까. 시상을 머릿속에 떠올려 시를 쓰는 것이 아니라 시 속에 젖어 사는 격이니 좀 화나는 일이 있더라도 금세 풀리지 않을까. 마당가에 도라지를 심어보면 어떨까 연약하며 청초한 도라지꽃을 보면 고집부리는 일도 마음속의 욕심도 덜어가며 살 수 있으리라.

빈 배가 강둑에서 하느작거린다. 어디든지 떠나고픈 내 심경

을 알아차렸는지 억새풀이 바스락대며 바람에 운다. 해 그림자에 붉게 상기된 호수에서 노를 저으며 배를 타면 어떤 느낌일까. 적막한 밤에 낮 동안 듣지 못한 많은 벌레들의 소리를 듣고 새벽이면 뿌연 물안개를 피워 올리고 햇빛에 스러지는 연분홍 느개의 호수. 물결의 소용돌이에 갇혀 맴을 도는 배 안에서 푸른 물빛하늘을 보면 어떨까.

　물은 흐르며 서로 만난다. 강과 호수에서 바다로 간다. 배들을 만나기도 하지만 스쳐 지날 뿐이다. 배는 정겨운 주인을 만나는 것을 소망 한다. 그러나 누구도 진정한 주인이 될 수는 없다. 배를 탄 어떤 사람도 그 자신들이 스스로의 주인이듯이 누구의 소유물이 아니라 배는 배가 주인이다. 바람이 가는대로 물결 따라 흐르다가 형체가 부서져버리면 기억 속에 남겨질 뿐, 끝없이 푸른 하늘의 희망을 가득 담은 배, 가을이면 나는 빈 배가 되고 싶다. 수시로 변하는 호수위에서 누군가가 내 안에 담겨 멋지게 노를 저어 가기를 꿈꾸어 본다.

3부
심연深淵

길 위에서

    가을장마가 시작이다. 그 무더위 속에서 아침에 잠깐, 서늘한 바람 한 자락이 코끝을 스치더니 거세던 풀줄기가 힘을 잃었다. 아침, 저녁으로 시원한 바람이 부는 것을 보니 절기(節氣)는 거스를 수 없나보다.
    희뿌옇게 보이는 저 멀리 신작로에는 짐을 가득 실은 트럭이, 매끈한 승용차가 경운기를 피하며 지나간다. 창가에 앉아 차를 마시며 감나무가지사이로 언뜻 보이는 길 위의 풍경을 보면 생동감을 느끼며 덩달아 마음이 바빠진다. 모두들 오늘 하루의 정해진 길을 향해서 저렇게 달리고 있으리라.
    누구나 다닐 수 있는 길은 소통과 만남을 위한 장소가 되기도 한다. 하지만 어느 순간, 삶의 갈림길에 설 때면 두려움에 망설여진다.
    오늘 아침의 식탁에 갓 따온 수박, 참외, 복숭아가 넓은 쟁반

에 수북이 담겼다. 쳐다보기만 하여도 흐뭇하였다. 내가 심어서 수확한 과일을 먹는다는 것은 상상도 못한 일이다. 가뜩이나 과일과 야채 값이 비싸다고 연일 방송으로 듣는 요즈음, 내가 가꾸어 먹을 수 있으니 얼마나 다행한 일인가.

 봄에 산 참외를 씨만 훑어서 흙속에 묻어 두었는데 집 뒤의 언덕에 온통 참외 줄기가 번져서 가까운 이들과 나누어 먹는다. 사랑채 화단에 심은 수박은 동네에 나누어 먹어도 남을 정도니 신이 나서 바깥일에 눈 돌릴 사이도 없다.

 남편이 퇴직 후, 남의 산에 산책 다니고 떨어진 밤 몇 톨을 주워 왔을 때에 이래서는 안 되겠다고 마음을 굳혔다. 온 산의 밤을 남이 다 주워가도록 비워 둔 시골집을 지켜야겠다고 결심했던 것이다. 한 번도 시골에서 살아 본적 없는 나로서는 조금 두렵기도 했지만 한번 길을 택하면 최대한 열심히 하려고 노력하는 까닭에 자신감을 갖고 부딪혀보기로 하였다.

 남의 땅을 밟지 않고도 산책할 수 있고 소나무 숲에 쌓인 집이라 맑은 공기는 덤으로 얻는 집이지만 흙과 돌, 풀에 익숙하지 않아서 적응하기가 싶지는 않았다. 하지만 적당한 노동에 몸은 훨씬 건강해졌다. 어느 날, 시내 병원에 가서 집주소를 적었더니 촌사람이라고 함부로 대하는 듯한 간호사를 보고 쓴웃음을 지었던 적도 있다. 옛날 말이지 요즘의 전원생활은 아무나 할 수 없는 일인걸 왜 모를까.

 EBS에서 방영하는 〈길 위의 인생〉중에 중국의 오악 중, 산세가 가장 험난한 화산에서 꼭대기까지 무거운 짐을 지고 오르는 짐꾼들의 이야기가 있다. 잠시 짐을 내리고 온 몸으로 춤추며

절규하듯이 부르는 노랫소리는 그들의 삶이 어쩌면 그리 뾰족한 바위로 이뤄진 돌길은 닮았는지 가슴이 쓰라렸다.

 히말라야 고산지대의 시장에 주문한 물건을 지고 나르는 다리가 아픈 어머니와 아직 성장기를 벗어나지 못한 철없는 어린 아들의 이야기도 마찬가지였다.

 극한상황에서 서로에게 도움을 주지 못하는 애절한 안타까움이 서려 있어서 보는 이를 애타게 만들었다. 꼭대기 시장터에 물건을 배달한 어머니는 자신의 찢어진 치마를 만지며 아들의 옷을 사서 입힌다. 아들의 환한 웃음이 새 치마를 입었을 때 보다 더 큰 기쁨이었으리라.

 험난한 길을 걸어 본 사람만이 평탄한 길의 고마움을 알고 무거운 짐을 내렸을 때의 가벼움을 겪어 본 이들이 다시는 그 짐을 지지 않으려고 애쓸 것이다.

 누구나 성년이 되면 자신이 살아 갈 길을 택하고 그 속에서 인생을 보낸다. 이왕 택한 길, 괴로움 속에서 살아가기보다 지혜롭게 대처하며 즐겁게 살았으면 좋겠다. 바위로 이룬 화산의 골짜기를 메우던 짐꾼의 낭랑한 노랫소리는 그 짐을 질 수 있어 가족을 부양 할 수 있다는 즐거움이 가락으로 여울졌었다.

 길은 어디나 뚫려 있고 소통과, 희망과, 가능성을 간직하고 있기에.

타인의 방

　사춘기 때, 외향적인 성격의 어머니를 이해 할 수 없어서 며칠씩 말도 않고 고집을 부릴 때가 많았다. 성격이 맞지 않아 서로 다툴 때면 늘 바람막이 역할은 아버지 몫이었다. 다른 사람의 생각이 나와 같거니 여겼다. 하지만 많은 사람들은 저마다 성질이 다르다는 것을 차츰 알게 되었다. 같은 부모님을 둔 형제일지라도 제각기 다른 환경에서 자라기도 하고 사회적인 여건과 사물을 보고 판단하는 능력도 다를 수밖에 없다.
　사람뿐인가 모든 물질의 성질도 같은 것이 없지 않은가. 이제는 어머니를 이해 할 수 있을 것 같다. 자라면서 맏이의 책임을 감내하고 어려운 사람을 보면 도와야하는 정이 많았던 성격까지. 응석을 부리며 도움만 받았던 내가 아니라 어머니등도 다독거리며 부대꼈던 마음도 풀어드리고 싶은데 다른 세상으로 가신지 오래 되었다.

간혹 가까웠던 이들의 낯선 행동에 가슴앓이를 한다. 내 이기심 때문인지도 모르지만 속내를 다 드러내고 편하게 지냈던 이가 시퍼렇게 날이 선 칼날 같은 성격들을 드러내면 실망감에 마음이 찢기는 듯 상처를 입는다. 하지만 전과는 달리 쉽게 체념해지고 마음의 문을 닫을 수가 있다. 나이가 들수록 성숙해진다는 말은 여유 있는 마음의 상태를 의미하는가보다. 상대를 탓하기 전에 한걸음 물러서서 그 입장이 되어 보기도 하는 것이다.
　인간관계에 풀리지 않는 문제에 직면하면 가족들에게 내 복잡한 심경을 토로하고 답을 구할 때가 있다. 그러면 냉정하게 딱 결론을 지어 주기도 한다. 내 욕심을 배제 시킨 명쾌한 해답을 얻을 수 있어서 곧잘 행한다. 하지만 권력을 쥐고 모든 것을 마음대로 할 수 있는 자리에 앉으면 달라지는 것일까. 어긋나는 일인 줄 알면서도 내 자식이 남보다 편해야 되고 부정을 저질러도 출세시키려는 일이 다반사다. 자식이나 부모 앞에서 잠시 후면 드러날 거짓말을 서슴없이 하는 것을 본다. 부모가 자식을 진정 사랑한다면 바른 길로 이끌어야 하지 않을까. 어쩌면 부모의 잘못된 잣대로 자식의 무한한 가능성을 짓밟는 일이 될 수도 있을 것 같다. 낳았다지만 결국 타인이고 세상에 오롯이 홀로서기를 조심스럽게 도와야 할 일이다. 타인의 방은 신비스럽고 서로를 알고 믿으며 의지하는 것은 아름다운 일이기에.

심연 心淵

　식탁에 앉아 쪽창을 열면 마당가의 감나무가 한 눈에 들어온다. 백오십 년을 훨씬 넘겨 허리가 휘고 밑둥치에는 커다란 구멍이 뚫렸다. 보기가 안쓰러워 황토로 속을 채워 주었지만 시커멓게 이끼가 낀 나무는 마치 골동품 같다.
　삼월이 다 지나가지만 감나무는 움쩍도 하지 않는다. 매화, 목련, 자두, 복숭아나무에서 다투어 꽃들이 피고 지는데 언제나 새싹을 틔우려는지 메마른 가지들이 을씨년스럽기만 하다. 눈에 보이지는 않지만 깊이 묻힌 뿌리에는 수액이 돌고 긴 가지 끝으로 따스한 온기를 보내고 있으리라. 주위에 무슨 일이 생기던지 내실을 기하며 움쩍도 않는 모습에서 자식의 혼사 문제로 속을 끓이는 요즈음, 잠시 평화로움을 느낀다.
　사월중순이 되자 죽은 것 같았던 시커먼 가지마다 따뜻한 찻물에 불은 세작 같이 빙긋이 새싹이 돋는다. 마당 한켠에 자리

한 감나무의 푸른 싹은 애타는 일이 있어도 좋은 일이 생길 것 같은 희망을 가지게 해 준다.

 이틀 동안 비가 내리고 며칠 못 본 사이에 감잎은 갓난아이 손바닥만큼 자랐다. 순식간에 잎을 피워내는 힘이 어디에 숨어 있었을까. 늘 바쁘게 허둥대기만 하는 내가 감나무 앞에 서기 부끄럽다. 주변에서 일어나는 여러 일들을 되도록 나와 무관하다고 생각해야겠다.

 오월중순, 해질녘에 빨래를 걷으려고 감나무아래에 섰다. 별꽃이다! 잎사귀 사이마다 갓 핀 감꽃이 촘촘히 박혀있다. 앙증맞은 감꽃이 은하수처럼 바람에 살랑댄다. 시커먼 비늘이라도 돋은 듯이 메말라 있던 가지에서 이런 꽃까지 피우다니 신비스럽다. 지금까지 나는 어떠했을까. 잠시나마 누군가에게 작은 기쁨이라도 줄 수 있었을까.

 내 마음의 연못에는 수시로 파문이 인다. 하루라도 편안했던 때가 있었을까. 지나치게 다혈질인 내 성질 때문이지 누구를 탓할 수는 없는 일이다.

 유월이 되면 한층 푸르른 나무는 그늘을 만들어 한낮이면 더위에 지친 가족들의 쉼터가 된다. 삭막했던 집안의 풍경이 온통 초록으로 단장을 하면 쇠약해지는 몸과 마음에 활력이 생긴다. 장마 때가 되면 감꽃은 우수수 떨어지고 그 자리에는 공깃돌만한 감이 맺혀 점점 자란다.

 무더운 여름날, 주렁주렁 열린 감을 힘겹게 매달고 있는 가지마다 장대를 받쳐준다. 마치 나이든 어머니가 어린아이를 여럿이 안고 부대끼는 것 같다. 그 모습에서 다 내어주고도 더 주지

못해서 안타까워하는 숭고한 어머니를 느낀다. 그뿐이 아니다. 때로는 새들의 쉼터가 되고 먹이까지 준다. 남과 내가 하나며 주기만하고 받을 줄 모르는 것에서 불교에서의 무주상보시(無住相布施)를 학습한다.

 가을이다. 감나무는 점점이 붉은 물을 들인 잎사귀를 넓히고 주홍빛 감을 주렁주렁 달고 있다. 나뭇가지에는 뭇 새들이 날아와 감을 쪼아댄다. 감이 익어 갈수록 가지는 더욱 비틀리고 휘어진다.

 아침저녁으로 삭풍이 불면 감잎이 우수수 떨어진다. 열매를 익히기 위해 잎을 떨어트리는 지혜를 어떻게 알았을까. 감을 딴다. 붉게 잘 익은 홍시는 토방(土房)에 보관하고 단단한 것은 깎아 곶감으로 만든다. 흔들림 없는 해묵은 나무에 열려서인지 감은 유달리 달다. 마치 심연(深淵)의 오묘함을 선물 받은 듯하다.

 잎과 열매를 다 떨어트린 나무는 자유롭다. 봄부터 가을까지 혼신을 다한 것에 집착하지 않는다. 나무 본연의 자세로 돌아가서 묵상(默想)하고 있다. 유난히 더운 여름을 겪은 감나무는 굴곡이 심한 상형문자의 나이테를 깊은 속내에 검게 새겼을 것이다.

 깨끗하게 깎여서 처마에 주저리 매달린 감은 새악시 시집살이 하듯이 시나브로 찬바람에 부대낀다. 구정을 앞두고 쫀득하게 말라서 단맛이 돌때면 감나무는 추위에 지쳐 가지가 꺾이기도 한다. 지난해부터 한 아름이나 되는 둥치에 마대로 된 허리띠를 둘러 주었지만 별 도움이 되지 않는다. 나무아래 수북이 쌓

인 잎들은 눈과 비바람에 씻겨 바스러지며 흙이 된다. 흙은 다시 뿌리로 스며들어 봄이 되면 흔적조차 없다. 윤회(輪廻)라는 단어가 가슴을 친다.

 자연은 늘 깨달음을 주고 보답하려하지만 미처 알아채지 못한다. 스스로 일으킨 폭풍과 비바람에 내 마음은 잠잠할 날이 없다. 해결해야 할 중요한 일을 앞두고 허우적대기 일쑤다.

 창문을 연다. 감잎들이 치마를 펄럭이듯 너붓이 바람을 맞는다. 잔뜩 구부러진 허리지만 저리도 늠름하게 버티고 서서 수령 이백년을 넘기려는 감나무의 배짱을 보면 마음속 물결도 어느새 자취를 감춘다. 저 감나무처럼 살아가노라면 내게는 어떤 문양의 나이테가 새겨질까. 하얀 나비 한 마리가 활짝 핀 장미꽃에 앉는다.

가을 달빛

　깨끗이 정리 된 마당에 달빛이 그득하다. 한껏 높아진 하늘을 올려다본다. 얼마 만에 느껴보는 그리움인가.
　올해 장마가 좀 늦다 싶더니 여름 내내 지겨울 만큼 비가 왔다. 습하고 무더운 날씨는 내 몸 하나 건사하기도 힘들었다. 결국에는 두 번째 코로나까지 앓았다. 희망은 구월을 기다리는 것이었다. 그러나 구월이 왔지만 날씨는 달라지지 않았다. 속상한 것은 날씨뿐만이 아니었다. 아무런 잘못도 없이 피해를 입고 유명을 달리 한 사람들과 산에서 흘러내린 토사로 집을 잃은 수재민들의 이야기로 안타까웠다. 가을이 비껴가는 것일까
　마음을 다잡고 대대적으로 마당정리를 하였다. 바깥마당 한켠의 복수박 줄기를 걷어내고 작은 두둑을 만들어 쪽파를 심었다. 추석에 손녀가 좋아하는 쪽파간장비빔밥을 먹겠다고 생각

하니 힘들지 않았다. 안마당의 황금사과는 수확하기를 포기해야 될 것 같았다. 시커멓게 점이 생겨 다 따버렸다. 국화 옆에는 상추 모종을 심었다. 단풍나무와 앵두나무가 달빛에 흠씬 젖도록 가지를 말끔히 추렸다. 안쪽사랑 마당에 턱없이 커버린 자두나무도 얼추 가지를 잘라내었다. 집 뒤 밭에는 시금치와 무씨도 뿌리고 배추 모종도 심었다. 며칠 동안 땀을 비 오듯이 흘리는 작업이었지만 일을 마치고 나니 집 안이 환했다. 흘린 땀이 지쳤던 여름의 찌꺼기 마냥 몸은 홀가분했다. 시원하게 단장한 나무들도 무성한 잎에 가려졌던 가지를 드러내고 따가운 햇볕을 즐기는 것 같았다.

구월 중순이 되자 그토록 기다리던 손님이 왔다. 가을바람이었다. 아침, 저녁으로 선선해서 에어컨을 틀지 않게 되었다. 간간히 오던 예전의 낭만적인 가을비가 아닌 폭우가 자주 쏟아지지만 가을이 주춤거리며 점차 다가오는 것을 느낀다.

오랜만에 날씨가 맑더니 선선한 바람이 불고 달빛도 고요하다. 이럴 때면 홀린 듯이 정든 사람들이 그리워 마당을 서성인다. 영원히 함께 할 거라고 믿었던 사람들. 떠나간 그곳에도 달빛은 비칠 것이라고 마음을 다독인다.

달빛바라기를 한다. 짝을 부르는 귀뚜라미 소리가 처량하다.

느티나무처럼

　진한 쪽빛의 맑은 가을하늘이다. 코끝을 찡하게 만드는 그리움에 먼 산을 본다. 오진으로 치료시기를 놓쳐버린 어머니와 오빠를 이맘때쯤 잃어서 해마다 앓는 계절병이다. 지난날의 슬픔은 망각이란 장막에 차츰 가려져 아픔이 줄어들긴 하지만 그리움의 가슴앓이는 살아 있는 동안 반복 되리라.
　사람은 저마다 특유의 냄새가 있다. 그 체취를 은은한 향으로 만들기는 쉽지 않다. 화장품을 바른 인위적인 향이 아니라 품성이나 행동에서 드러나는 향기다. 자신보다 남을 배려하는 말 한마디나 마음씀씀이, 상냥하게 미소 짓는 일은 쉬운 것 같지만 마음 수행이 잘 되지 않으면 쉽지 않은 일이다.
　몇 년 전에 동생처럼 허물없이 지내는 J가 K병원에서 종합검진을 했다며 내게도 권했다. 검사 도중에 대장의 작은 용종을 발견하였고 수술하였다. 아무것도 먹지 못하고 얼굴조차 씻지

않았다. 힘없이 링거를 맞는데 "참 예쁘네요." 라는 담당 닥터의 말에 얼굴이 달아올랐다. 지저분하고 입술이 바짝 말라 갈라져 있을 내 모습이 부끄러웠다. 링거를 달고 화장실의 거울 앞에 선 내 모습은 깡말라 핏기 없는 중년 여인으로 낯설어 보였다. '아마 주의사항을 잘 지키고 정해진 시간에 약을 잘 챙겨 먹어서겠지' 생각했다. 그래도 기분이 좋아서 거즈에 물을 묻혀 입술을 적시고 며칠 씻지 않은 머리카락도 매만졌다. 침대 위의 생활도 지루하지 않았고 예정일보다 하루 빨리 퇴원을 할 수 있었다. 그분은 만나는 환자마다 "인상이 좋네요." "오늘 기분은 좀 어때요?"라며 환자를 그냥 지나치는 법이 없었다. 많은 환자들에게 시달려 피곤 할 텐데 전혀 그런 기색을 드러내지 않았다.

 시골집 동네 앞의 타작마당엔 이백년이 넘은 느티나무가 있다. 동네 사람들은 그 아래에 나무 평상을 놓고 더운 여름날에는 늘 그 곳에서 지낸다. 느티나무가 부르지 않아도 시원한 그늘을 찾아서 모여든다.

 바위나 나무가 오래될수록 가치 있고 돋보이는 것은 세월이 할퀸 흔적 때문일 것이다. 숱한 비바람 속에서의 아픔도 버티며 오롯이 자신을 지켜낸 늠름함에 사람들은 천년바위나 고목을 닮고 싶어 한다. 야생화는 어떠한가. 비탈길에 무더기로 핀 구절초는 때가 되면 꽃을 피우고 바람에 흔들리며 꽃잎을 날릴 뿐, 누구를 원망하거나 자신의 처지를 비관하지 않는다. 그런 모습에서 흐트러지는 내 마음을 다잡는다. 그래서 자신을 정화시키기 위하여 자연을 찾으며 전원생활을 꿈꾸기도 한다.

나이가 들수록 위급한 때를 대비해서 십분 안에 병원에 닿을 수 있는 집이 좋다고 한다. 공기 맑은 시골에 살고 싶지만 그런 이유 때문에 쉽게 결정을 못하는 사람들도 많은 것 같다. 제일 소중한 게 건강이기 때문이다. 작은 마을에도 쉽게 진료를 받을 수 있는 의료시설이 구비되어 있으면 좋으련만.

오해는 세월이 가면 풀어 질 수 있고 마음만 바꾸면 금방 상대방을 이해하게 되지만 오진으로 잃어버린 생명은 되살릴 수가 없지 않은가. 남아있는 가족들이 겪는 아픔까지 생각한다면 오진한 닥터의 보이지 않는 죄는 이루 말할 수 없을 정도다. 돈을 받고 치료 해준다는 상술로 환자를 대하지 말고 내 가족, 자신의 아픔으로 받아들여 사랑하는 마음으로 치료한다면 오진을 줄일 수 있지 않을까. 품이 넉넉한 느티나무처럼 아무나 안길 수 있고 시원한 그늘로 품어 줄 수 있는 사람이라면 그런 실수는 없을 것 같다.

이기적인 생각으로 혼자만 잘 사는 게 아니라 기쁨과 아픔을 서로 나누며 사는 게 웰빙이라는 생각이 든다. 아무에게나 사랑을 줄 수 있을 때가 행복하고 그러는 자신이 아름다워지는 것 같기 때문이다.

두 자매

가마솥 찜통의 열기가 이럴까. 연일 계속되는 폭염이다. 늦은 오후, 물 폭탄처럼 소나기가 쏟아진 후에 더위가 한 풀 꺾였다. 감나무가지 밑으로 꽁지를 치켜세운 고양이 두 마리가 서로 몸을 부비며 발밤발밤 들어온다. 한 마리는 하얀 바탕에 꼬리만 검정색이고 다른 쪽은 흰색과 회색이 반반이다. 모양새가 깨끗하고 날씬하다. 시골의 넓은 주택이라 많은 길고양이들이 구석지에 숨어 산다. 배고파서 우는 게 안쓰러워 먹이를 챙겨 준 것이 화근이었다.

예전에 비워 둔 시골집에는 세 마리의 고양이가 있었다. 올 때마다 먹이를 챙겨주고 갈 때에는 집 잘 보라며 당부를 했었다. 세 마리는 각자 특색이 있어 굴뚝에서 사는 것은 굴뚝, 주홍빛얼룩무늬의 가냘픈 것은 앙살이, 흰색에 회색이 약간 섞인 것을 순덕이라 불렀다. 그런 세 마리가 이제는 십 수 마리나 되

어 누구의 새끼인지 알아보기 힘든데 흰색의 예뻐와 회색점이 있는 순덕이는 굴뚝이 마지막으로 낳아서 기른 새끼라 알아볼 수가 있다.

고양이가 새끼를 낳으면 지극정성으로 기른다. 그러다가 젖이 떨어지면 남 보듯이 하는데 굴뚝은 그게 아니었다. 마지막이라는 것을 알았는지 새끼들이 커도 보살피고 먹이도 먼저 먹이는 것이었다. 좀 지저분한 잿빛 털을 가진 굴뚝은 머리모양이 둥글고 얌전해서인지 아니면 나이가 많은 탓인지 먹이를 주면 절대로 같이 먹지 않고 기다렸다가 혼자서 조용히 먹었다. 십 몇 년을 허리를 낭창거리며 걷는 굴뚝을 볼 때면 고양이가 참 오래도록 산다는 생각이 들었다. 예뻐와 순덕이를 노상 혀로 핥고 수박껍질을 물어다 먹이고 익은 감이 떨어지면 감도 먹였다. 잘 먹지 않으면 보라는 듯이 달게 먹으며 눈빛으로 이렇게 먹으라고 시키는 것 같았다. 새끼들은 어미 따라서 감과 수박, 마당의 잡풀까지 뜯어 먹었다.

가을부터는 마루문을 닫고 살기에 먹이만 줄 뿐 고양이를 살펴 볼 시간이 많지 않다. 간혹 새끼 둘이 사랑채 장작더미 위에서 붙어 자는 것을 봤을 뿐, 굴뚝이 보이지 않아 이상하게 생각하면서 겨울을 넘겼다. 둘은 꼭 붙어 다니며 해가 지면 장작더미 위로 와서 잠을 잤다. 너무 정다워서 다른 고양이는 그 근처에 갈 수 없었다.

봄이 되어 장작정리를 하였다. 어쩌나! 장작 틈새 밑에는 굴뚝의 흔적으로 털만 남아있었다. 언제인가 거울을 씻어 마당에 세워 두었는데 수박껍질을 물고가던 굴뚝이 거울 속의 제 모습

을 보고 깜짝 놀라서 도망가던 모습이 눈에 선했다. 생명 있는 것은 언젠가는 이별하는 줄 잘 알지만 한 줌 남겨진 털을 보니 서운하였다. 그래서 새끼들이 늘 어미 옆으로 모인 것 같았다.
 둘은 새끼들에게 서로의 젖을 먹이고 한 마리가 걸음이 더디면 기다렸다가 같이 걸었다. 새끼를 몇 번 낳은 지금도 어미가 있었던 장작더미에서 쉬거나 잠을 자는데 어미의 지극했던 사랑을 잊지 못하는 것 같아서 안쓰러운 마음이 든다.
 별로 좋아하지 않는 고양이 때문에 간혹 동네사람들이나 친구들한테 눈총을 받는다. 그럴 때는 불쌍한 짐승이라고 보살피는 남편을 구박 한다. 먹이를 주는 남편 뒤로 새끼를 포함한 스무 마리의 고양이가 줄지어 따라 가는 것을 볼 때는 어이가 없어서 웃고 만다. 휘날리는 고양이털을 보면 베란다에 올라서지 못하도록 쫓아내고 마당의 배설물 때문에 막대기를 휘두를 때도 있다. 하지만 시골에 흔한 쥐와 뱀을 없애고 애교를 부리고 싶을 때는 쥐나 뱀을 마당 한가운데 물어다놓고 장한 일을 했다는 표정으로 쳐다보고 있으면 기절할 만큼 놀라서 쫓아버린다. 그러면 꼭 억울한 표정으로 주춤거리며 도망간다.
 어미한테 버림받은 고양이가 어미와 꼭 닮은 새끼를 낳아서 젖을 먹이며 애지중지 키우는 것을 보면 사람보다 오히려 낫다는 생각이 들기도 한다. 그래서인지 끼니때가 되면 모른 채 할 수가 없어서 사료를 준비한다.
 말 못하는 짐승도 모양새를 구분하는지 털빛깔이 좋지 않고 밉게 생기면 왕따를 당한다. 그럴 때는 삐쩍 말라 죽을 것 같아서 챙겨 주게 된다. 사람이나 짐승이나 잘 생겨야 대접을 받는

가 보다.

 어머니는 돌아가실 무렵에 결혼 못한 막내여동생 때문에 괴로워 하셨다. "네가 책임지고 보살펴 줘야한다"며 내 손을 꼭 잡고 다짐을 받으셨다. 여동생과 나이 차이는 많지 않지만 늘 자식 같은 마음으로 가까이 지낸다. 나이 들수록 어느 땐 동생이 어머니 같기도 해서 많은 의지가 된다. 혈육의 정은 나눌수록 깊어지고 형제는 세상의 누구보다 편안한 상대가 아닌가. 부모님의 더없는 보살핌을 떠올리면 서로가 더욱 소중해 보이는 것이다.

 사람이나 짐승이나 깊은 사랑을 받고 자란 이들이 모습도 어여쁘고 생각도 긍정적이며 베풀 줄도 아는 것 같다. 세상물정의 어두운 속내를 몰라서 간혹 이용당할 수는 있겠지만 어떤 상황에도 자존감을 가지고 오롯이 대처 할 수 있겠기 때문이다.

 저 멀리 고양이 두 마리가 등을 부비며 산길을 오른다.

우울, 그 안의 외로움

 연 사흘로 작달비가 내렸지만 쉬이 그치질 않는다. 담장 밑의 봉숭아꽃이 빗줄기 등살에 툭툭 떨어져 쌓여있다. 비 오는 날은 우수에 젖기 쉽고 떨쳐지지 않는 상념들에 울적해진다.
 문득 지난날을 돌이켜보면 그땐 왜 그럴 수밖에 없었는지 후회되는 일이 더러 있다. 다가오는 매 시간 속에서 최선의 선택으로 산다고 해도 달라지는 환경과 어긋나는 운명 앞에서 더러는 좌절감에 빠지고 자신을 지탱하기가 쉽지 않다.
 정신병동에서 전화 한 친구의 목소리는 멀리서 울리는 듯 공허하였다. 잘 익은 싱싱한 토마토가 주인을 기다리더라고 말했지만 애잔한 느낌을 떨쳐버릴 수 없었다. 좋은 집도 잘 가꾼 정원도 아무 상관없이 '기쁨'이라는 끈을 놓아버린 그녀는 방황하는 미아가 된 것 같았다.
 서른 전에 어머니를 여읜 뒤로 내 귀에서는 윙윙거리는 바람

소리가 잦았다. 이명에 좋은 약을 꽤 오랫동안 먹었지만 횟수만 줄어들 뿐이고 없어지지 않았다. 오십 중반에 오빠를 잃고 난 뒤부터 이명은 더 심해졌다. 그 뒤로 말을 듣고도 상대방을 무시하듯이 모른척한다고 종종 오해를 사게 되었다. 소곤거리는 작은 소리는 잘 들리지 않기에 대답을 못했었는데 말을 건 사람은 기분이 언짢았을 것이다.

　상실한 청력을 살려 보려고 여러 군데 병원을 다녔지만 별 차도가 없었다. 결국 중앙의 대학병원을 찾았다. 앞서 본 내 또래의 여자환자는 뇌수술을 해서 작은 종양을 제거하면 청력이 돌아온다는 담당의사의 말에 겁을 냈지만 나는 오히려 희망을 가졌다. 하지만 "그대로 사세요. 어찌해 볼 방도가 없네요." 어떤 충격으로 인해 신경이 손상 되었다고 하였다. 요즘은 보청기를 안경 끼듯이 편하게 생각하는 젊은 사람들도 많으니 잘 적응하면서 되도록이면 즐겁게 살라고 하였다. 그 말을 듣는 순간 나는 중심을 잃고 휘청거렸다. 옆에서 아이들이 부축하였지만 모든 것에서 내 마음은 멀어졌다. 디디고 섰던 단단했던 바닥이 진흙탕 같았다. 화창했던 가을하늘도 회색빛으로 내려앉았다. 음식의 맛도 모르게 되고 소의 되새김질처럼 끼니때가 되면 그냥 씹어서 삼킬 뿐이었다.

　내가 친 우울이라는 울타리 안에서 모든 것에 대하여 이방인이 되었다. 넘지 말아야 될 곳에 일정한 선을 그어 놓고 조심스레 살아오며 가꾸어 놓은 나의 성에서 스스로 쫓겨 다녔다. 어디에도 마음을 두지 못하고 내 자신조차도 붙들어 맬 수 없어서 모든 것으로부터 타인이 되어 갔다. 긴 겨울은 암울하였다.

쇠사슬에 감긴 것 같은 몸과 마음으로 모두를 원망하는 마음만 쌓였다.

 햇살이 유난히 두터워서 마당으로 나갔다. 담장엔 벌써 개나리꽃이 활짝 피고 나비와 새들이 날았다. 노오란꽃은 화사한 몸짓으로 내게 말을 건넸다. 누구도 바라지 말고 '희망, 기쁨, 감사'라는 말을 되새기며 자신을 사랑하라고 속삭였다. 아! 그랬지. 어릴 적, 어머니가 만들어 주신 노란꽃무늬 원피스가 있었지. 사춘기 때, 일본의 할아버지가 보내신 노란 양모잠옷, 결혼 후에 입었던 노란 투피스, 단지 노란색의 기억만으로도 내게는 얼마나 아름다운 일들이 많은가.

 밖으로 나가고 싶어 외출 준비를 하였다. 사람들이 북적이는 상가를 지나는데 샛노란 핸드백이 눈에 확 띄었다. 그 가방을 들고 거울을 보니 내가 살아 있음이 느껴졌다. 주위에 바쁘게 움직이는 사람들도 눈에 들어오고 가슴속에 불을 지핀 듯이 온몸이 따뜻해졌다. 세상 밖으로 내처지고 음습한 터널에 갇힌 것 같은 느낌은 노란색 가방을 보는 순간 사라져버렸다.

 그동안에 온갖 못된 생각을 하였던 것이 자식들에 대한 사랑이 남달랐던 부모님께 죄송하였다. 나를 기다리는 집, 걱정하는 가족들이 있다는 생각에 바삐 집으로 돌아왔다.

 이제는 작은 이어폰 같은 보청기를 챙기는 것이 안경을 끼듯 익숙해지고 조곤조곤 지저귀는 새소리도 정겹다. 잠잘 때는 소음 없이 잠들 수 있어 편안하다. 소소한 일에서도 즐겁고 행복함을 찾으려고 애쓰며 그때 잠깐 경험한 우울증에 빠지지 않게 조심 한다.

용납 되지 않는 현실에서 평생 의지하던 종교조차 타의에 의해 바꾸어야 했던 그녀. 모든 일에 야무지고 흐트러진 적 없었지만 어찌 자신의 정체성이 흔들리지 않았겠는가. 어려움을 지혜로 다스린 선인들을 인식하고 밟힐수록 단단히 뿌리 내리는 질경이의 섭리를 깨달을 수 있다면 좋으련만.

더 상처 입기 싫어서 모두에게서 타인이 되어 스스로 친 보호막을 거두기를 바래본다. 비 온 뒤에 땅이 더 굳어지듯이 한번 흐트러진 마음도 올곧게 다잡아 바로서면 다시는 헤매지 않으리라. 지금의 나이 든 모습이 어떻던, 우리는 사랑받았던 자식이었고 풋풋했던 소년, 소녀였고 아름다운 젊음을 가졌었지 않았던가. 그러했던 자신을 사랑하며 주위를 밝게 만들어가는 것이 먼저 가신 부모님께 부끄럽지 않은 자식으로 남는 일인 것 같다.

오란 비가 언제 그치려는지 금빛두꺼비가 마당을 가로 지른다.

겨울, 팥죽이야기

　나목들의 떨림을 느낄 때면 코끝에서 달콤한 냄새가 난다. 처음엔 그 음식의 정체가 무엇인지 깨닫지 못하다가 곧 단팥죽 냄새라는 것을 알게 된다. 붉은 팥의 색깔과 따끈함에서 추위를 잊고 싶은 본능일까. 아마도 지난 일들에 대한 그리움일지도 모른다.
　초등학교 삼학년 무렵, 추수가 끝난 학교 앞 논에서 리어카에 연탄화덕을 놓고 젊은 부부가 팥죽을 팔았었다. 마치 요즘의 꼬챙이에 꽂힌 어묵처럼 뜨거운 팥죽 속에 가래떡을 꽂아놓고 양은 양푼에 단팥죽을 떠서 찍어 먹도록 하였다. 그때 풍선껌이 처음 나왔고 한번 씹었던 껌은 아까워 버리지 못하고 책상에 붙여두었다가 다시 씹기도 했었다. 팥죽이라면 새알 든 동지 팥죽밖에 모르다가 달달한 팥죽 속에서 부풀은 가래떡의 맛은 형용 할 수 없는 행복감을 주었다. 한 꼬챙이에 오원을 했었

는데 잔심부름으로 받은 용돈을 군것질하는데 다 허비하였다.
 빈 논이 되는 겨울철에만 꼬치어묵과 달고나, 팥가래떡을 파는 넓은 논의 한켠에는 차가운 손을 호호 불며 남자애들이 팽이치기와 자치기를 하며 뛰어 놀았다.
 세 번째의 겨울동안 하던 장사는 그 논에 큰 건물이 들어서면서 그만 두었다. 그 맛을 잊을 수 없었던 나는 원망스런 눈으로 잘 지은 콘크리트 건물을 올려다보고는 하였다.
 중학교 이 학년 때, 시내에 인접한 강가 하천부지의 무허가 판잣집에서 단팥죽을 팔았다. 중년이 된 주인내외의 솜씨가 좋아서인지 친구들과 찐빵 한 접시에 단팥죽을 시켜서 나누어 먹으면 세상이 온통 부드럽고 따뜻했다.
 설탕 고명을 묻힌 팥이 가득 든 찹쌀 도넛의 달달함을 음미하며 사춘기의 고민과 학교생활에서의 어려움들을 토로하였다. 비좁은 판잣집 안에 연탄난로를 가운데 둔 비닐 덮은 탁자였지만 옹기종기 모여 앉은 선후배들과 오빠와 남동생의 근황을 들을 수 있는 남학생들과도 한 공간에 있다는 것은 흥미로운 일이었다.
 여름이면 얼음을 쪼개서 기계에 고정시켜 손으로 돌리는 팥빙수는 수북한 얼음 위에 팥과 미숫가루, 계피가루를 넣어서 팔았다. 무더위와 강가의 모기가 싫어서 자주 가지 않았다. 추운 겨울날, 얼어붙은 강물 위로 휘몰아치는 칼바람이 판잣집 틈새로 들어와 옹기종기 붙어 앉아 서로 어깨를 맞대어 먹을 수 있는 따끈한 단팥죽이 제격이었다.
 국산 팥을 사서 물에 불려 삶는다. 푹 고인 팥을 건져서 믹스

기에 갈아놓고 솥에 남은 물에 찹쌀가루를 넣고 끓이다가 갈아놓은 팥을 넣고 주걱으로 솥 바닥을 잘 저어준다. 끓을 무렵에 찹쌀옹심을 넣는다. 옹심이 위로 쑤욱 올라오면 소금과 약간의 설탕을 넣고 간을 맞추고 식힌다. 입맛이 변해서인지 아무리 공들여서 해봐도 그리 맛있는 줄 모르겠다.

 동짓날이 되면 어머니는 두 종류의 팥죽을 쑤었다. 찹쌀가루를 넣은 것과 그냥 찹쌀을 넣은 것으로 찹쌀이든 것은 끼니대용으로 찹쌀가루를 넣은 것은 설탕을 넣어서 단팥죽으로 먹을 수 있기 때문이었다.

 항아리에서 맛이 들기 시작한 김장김치와 살얼음이 깔린 동치미를 곁들여 먹던 팥죽과 나이 수만큼 챙겨 먹던 하얀 새알(찹쌀옹심이)맛은 지금도 그립다.

 긴 겨울 밤, 한 솥 끓여 놓은 차가운 팥죽을 떠다가 오들오들 떨며 아랫목에서 이불을 둘러쓰고 먹었던 그 구수한 맛을 어찌 잊을 수 있을까. 가신 어머니보다 십 오년을 더 살고 있지만 입에 착 붙는 듯이 모든 음식에 감칠맛이 있던 어머니의 손맛은 도저히 따를 수가 없는 것 같다. 만드는 정성이 부족해서일까.

 모든 일에 있어 애써 쌓은 경험이 산지식이 되는 것 같다. 요즘같이 편하게만 살려고 하다보면 때론 인스턴트식품에 의존할 때도 있다. 먹는 것이 곧 보약이고 내 몸을 지탱해주는 활력소가 된다고 생각하면 좀 귀찮아도 좋은 재료로 알찬먹거리를 만들어 먹어야겠다고 다짐해 본다.

 겨울의 동반자 단팥죽으로 매서운 추위도 이겨내리라.

4부
촛불 켜는 밤

봄날, 그믐밤에

한적한 회색빛 마당으로 내려섰다. 긴 가뭄에 지친 백목련이 조막만한 꽃을 피워 바람과 노닥거린다. 하루 일과를 끝낸 저녁시간의 가벼운 산책은 가까이 오는 계절을 느낄 수 있고 자연의 일부분이라도 된 듯 홀가분하다. 조금 쌀쌀한 밤기운이 오히려 상큼하게 느껴진다. 만개한 매화가 꽃비처럼 내리고 먼 이웃집의 강아지 소리가 요란하다. 달이 없어서인지 차분한 마음으로 자신을 다독이며 추스를 수 있는 시간이 된다.

저만치 봄이 오면 나목의 웃자란 가지도 자르고 집 뒤 언덕에 무리지어 핀 제비꽃과도 눈인사를 한다. 소담스러운 동백꽃과 갓 틔운 복사꽃들이 유난히 추웠던 지난겨울을 잘 넘기고 자태를 뽐낸다.

음력 정월보름이 되면 마을사람들은 달집을 짓는다. 동네 앞의 빈 논에 소나무와 대나무를 곧추세우고 가운데를 비우면 아

낙네들은 가족들의 헌옷가지를 넣고 태워서 한해의 액운을 물리치며 평안을 빌었다. 달집 앞의 작은 상 위에는 각자 집에서 가지고 나온 과일이며 과자와 건어물이 놓이고 형편에 맞게 돈을 얹고 그 앞에서 절을 하였다. 달집이 활활 타서 무너지면 달구어진 숯불에 석쇠를 얹어서 고기를 구워 먹었다. 몇 가구 되지는 않지만 다 모이는 일이 없는데 그날은 모두들 숯불에 얼굴을 달구며 막걸리 잔을 비웠다. 잘살고 못살고의 구별도 없고 주름진 얼굴들, 꼬맹이 아이들, 강아지들도 동심으로 돌아가 마냥 즐거웠다. 밝은 달빛아래서 벌겋게 타는 달집으로 마음도 따뜻하게 데워졌다.

지난 정월 대보름날은 유난히 달이 밝았었다. 하지만 구제역과 조류인플루엔자 탓에 집회가 금지되어서 매년 치르던 동네의 축제는 없었다. 하나 둘 모여든 마을 사람들은 아쉬운 마음이었는지 숯불을 피운 곳에 빙 둘러서서 간단한 저녁을 먹었다. 어릴 적, 동네 개구쟁이들의 쥐불놀이가 떠올랐다. 이집 저집 옮겨 다니며 조리에 얻은 밥을 맛보며 누구네 집의 밥이 제일 맛있다고 평하던 즐거웠던 일들이 이제는 까마득한 옛이야기가 되어 버렸다.

넓은 마당에 들어서니 달빛이 그득하고 날씨도 푸근해서 나목들의 부드러운 속삭임이 들리는 듯했다. 정겨움에도 무게가 있는 것일까. 아름다운 풍경 속에서 무언가에 짓눌리는 것 같은 오싹한 두려움을 느꼈다. 소소한 바람소리를 뒤로 한 채 테라스계단을 급히 뛰어 올라 문을 닫았다.

밤새 뒤척였다. 무엇에 놀라 쫓기듯이 들어 온 것일까. 바깥

은 그리움 가득한 어릴 적의 평화로웠던 정경이었다. 그런 분위기면 홀로 뜨락을 서성거리며 노래를 부르거나 그리운 얼굴들을 떠 올렸으리라. 부모님과 형제들이 다 함께 모였던 평화로운 저녁 시간은 아버지의 덕담과 어머니의 맛깔난 음식으로 하루의 피곤함을 씻어 주었다. 이제는 되돌릴 수 없는 그 시간들이 너무 그리웠던 탓일까. 자꾸 옛일에만 침착했던 그런 자신이 갑자기 싫어졌던 것은 무엇 때문일까. 나이 탓일까. 과거를 되살리는 시간여행에서의 서글픔이 두려운 까닭인가. 내 마음의 빗장을 걸어버린 그날 밤, 환하고 안온했던 보름밤을 즐기지 못한 아쉬움에 간혹 안타까워한다. 언젠가 한 아름의 꽃을 안겨 주던 어떤 이를 외면하고 돌아서서 후회와 안타까운 눈물을 흘렸을 때처럼 종종 그 밤을 잊지 못한다.

　바쁜 일상 속에서 부대끼는 몸과 마음이 무거워지고 이성보다 감성이 앞서 사소한 실수가 생기더라도 용기를 잃지 않아야겠다. 그믐밤이나 달 밝은 밤도 내게 주어진 소중한 날이 아닌가. 어떤 날이던지 아낌없이 즐겨야겠다.

　현실이 팍팍하게 느껴져서 지난날들이 그리워져도 이제는 슬픔과 두려움에 빠지지 않으리라. 초승달이 고개를 갸웃 거리고 하얀 꽃잎이 어둠을 치며 해작인다. 깊어 가는 밤, 때 이른 풀벌레소리가 들린다.

촛불 켜는 밤

　달도 없는 밤이다.

　마음이 산만 할 때는 촛불을 켠다. 창호지에 어리는 불빛이 아련하고 따사롭다. 일찍 대문은 닫았고 방문까지 꼬옥 닫았는데 불빛이 흔들린다.

　불꽃 따라 내 마음에도 파문이 인다. 주위에 눈 돌리지 말고 편안하게 지내려고 노력하지만 쉬운 일은 아니다. 이제는 익숙해져서 마음이 흔들리는 데로 내버려 둔다. 때가 되면 제자리로 돌아오기에.

　코로나 2차 접종으로 힘겨운 나날을 보냈다. 속이 거북하며 두통이 있고 다리가 후들거리며 온 몸에 힘이 없었다. 뼈마디가 쑤시며 한 달 넘게 시달렸다. 왼쪽 손이 시퍼렇게 멍이 들더니 몸을 움직이자 감쪽같이 없어졌다. 회복하기 힘들 것 같아 급히 생녹용을 다려 먹고 겨우 기운을 되찾았다.

인간이 저지른 재앙에 결국 굴복하게 되는 것일까. 나는 안전할거라고 조심했는데 예방접종만으로도 이토록 휘둘리다니 감염자들은 얼마나 고통을 받을까.
 몸 안의 모든 기능들의 회로가 늦추어진 느낌은 온갖 통증과 더불어서 바보가 되어가는 기분이었다. 불가항력적인 상황에 놓여 내 뜻대로 컨트롤하지 못하는 지경에 이르지 않기를 기원한다.
 인간에게는 영혼이 있다는 것을 믿는다. 선과 악, 진실과 거짓, 오만과 편견의 테두리 안에서 서로의 성향이 같은 영혼끼리 모이게 되는 것이라고 믿고 싶다.
 세간에 나도는 속설에 사후에 빠져 나간 영혼의 무게가 21g 이라는 숫자에 비중을 두고 싶지는 않다. 영혼은 무게보다 생각과 인식의 차이에 가치가 주어지는 것은 아닐까.
 깊어 가는 밤.
 쉼 없는 우리의 삶처럼 촛불은 타고 있고 우리의 생명처럼 초는 타서 점점 짧아진다. 타오르는 불꽃을 보며 어지러운 상념을 잠재워야겠다. 곧 환하게 세상을 밝히는 새로운 햇살이 온 누리에 퍼질 테니까.
 꾸르륵, 벌써 산비둘기 울음소리가 들린다.

오월, 어느 날

보이세요. 들리시나요.

뜨락엔 함박꽃이 부끄러운 듯이 고개 숙이고 담장의 붉은 찔레는 열정을 토하며 무리지어 핍니다. 풋풋한 향기에 취해서 실눈을 뜨고 저 만치 산언저리를 보면 마치 눈이 쌓인 듯이 하얀 찔레꽃이 지천으로 피어 있습니다.

지난겨울에서 봄의 문턱에 오기까지는 험난한 산길을 걷는 것처럼 조심스레 지냈습니다. 마스크 속에서 숨길을 참고 안경도 끼며 외출도 줄여야 했습니다. 늘 내 곁에 머무는 당신, 오늘은 꽃향기 속에서 그대를 느낍니다.

뒤질세라 아카시아 꽃이 진한향기로 바람을 흔들 때 아차! 내 혼자가 아님을 문득 느낍니다. 갇히고 묻히어 괴로웠던 것은 언젠가 터트릴 향기를 내면에 꾹 눌러 참았던 기간인가 봅니다.

오월의 한 낮, 햇빛 좋은 날에 길게 기지개를 켜며 저마다 모습을 드러냅니다. 난 먹먹해진 귀를 활짝 열고 침침한 눈을 크게 떠서 갖가지 아름다운 꽃송이의 꽃망울 터지는 소리에 마음 속의 어두움과 갑갑함을 송두리째 털어냅니다. 그리고는 화사한 오월의 청춘에 물들어 봅니다.

늘 푸른 당신! 마음에 자리한 당신이 지금 내 곁에 앉아서 도란도란 이야기하는 정다운 시간이길 바라는 마음에서 슬그머니 비껴 앉으며 그대의 자리를 만들어봅니다.

가장 안타까운 일은 어머니가 좋아하시던 딸기가 한창인 데 부모님과 함께 먹을 수 없다는 것이에요. 오월이면 딸기 밭에서 모임을 마친 어머니가 딸기를 한 소쿠리 사 오시고는 맛있게 먹고 있는 우리 형제들을 보시며 웃으시던 모습이 떠오릅니다. 색깔고운 한복을 입으신 어머니와 흰 와이셔츠를 즐겨 입으시던 아버지가 자꾸 눈앞에 밟힙니다.

저는 지금도 한량없던 부모님의 사랑에 젖어있어서 늘 지켜주시던 두 분이 곁에 있기나 한 것처럼 가끔은 철없는 행동을 할 때가 있습니다.

오늘도 감나무 그늘 아래 의자를 내어 놓고 앉아서 기분 좋은 나뭇잎의 살랑거림, 따스한 햇볕, 별똥별처럼 떨어져 나무 아래 깔려 있는 감꽃을 보며 다시 돌아온 오월에 감사하는 마음으로 지그시 눈을 감습니다.

어떠한 것도 그저 얻어지지 않는다는 것을 알게 되고 지금 이 시간이 생애 최고의 날이라는 것을 알게 된 나이 줄에 서서도 늘 당신이 내 곁에서 지켜준다는 믿음을 가집니다. 모든 것에

미흡한 제가 당신이라는 의지처를 만들고 가끔씩은 그리워하여도 이해하세요. 나이 들면 마치 사춘기가 된 것처럼 감정의 기복이 심해져서 어떤 날은 외롭고 또 괜히 언짢아지기도 하고 별로 기쁜 날이 없어서 당신을 생각합니다. 그럴 때면 잠시 나는 유순한 아이라도 된듯하여 포근한 햇볕에 감사하고 지나는 바람도 고맙고 땅을 촉촉이 적셔주는 빗방울도 정겹게 느낍니다.

어젯밤, 환하게 웃으신 아버지의 모습을 뵈어서인지 하루 종일 코끝이 시큰해지며 마음이 여려집니다. 나날이 여물어가는 과실들을 보면서 얕아진 마음의 내실을 다지겠습니다. 잘 되기만을 바라시던 부모님을 떠올리며 어려운 일에 부딪쳐 괴로울 때도 '괜찮아'를 되뇌며 용감해지겠습니다.

어느새 함박꽃은 시들어 씨방이 맺히고 찔레꽃과 아카시아 꽃도 져 버렸습니다. 언젠가 다시 오월이오면 만날 수 있겠죠. 그때가 되면 가만히 당신을 부르겠습니다. 무심한 바람은 아랑곳하지 않고 저만치 다가오는 유월의 옷자락을 들키러 가나봅니다. 조금 후에는 한층 푸르른 숲과 드센 빗줄기가 쏟아지는 후덥지근한 나날을 보내며 당신이 그리워 질 것입니다.

오월의 끝자락, 돌 틈 사이에 남몰래 피어서 홀로 씨방을 퍼트리는 하얀 민들레를 보며 삶에 대한 의문점을 다시 되새겨봅니다.

나이 들수록 복잡하고 어려워지는 모든 일들을 빈틈없이 마무리해야 하겠기에 징검다리를 건너듯이 조심해야겠습니다. 아! 바람속의 홀씨가 더없이 자유로워 보임은 무슨 까닭일까요.

나를 달래는 시간

지금은 오월, 찔레꽃이 한창이다. 매년 이맘때 찔레꽃이 피면 생각나는 일들이 있다. 할머니의 상여가 지나가는 산길에는 하얀 찔레꽃이 지천으로 피어 있었다. 평소에 할머니가 즐겨 입으시던 하얀 꽃수저고리가 떠올라 더 슬피 울었던 일이 눈앞에 선하다.

사춘기 때, 철재담장에 고개를 내민 빨간 찔레꽃의 감미로운 향기를 맡으며 친구는 첫사랑의 애타는 마음을 내게 고백했었다. 어쩌면 좋겠냐는 친구의 심각한 이야기보다 달보드레한 찔레꽃향기에 더 취했던 기억은 절로 웃음 짓게 된다. 늘 변함없는 자연은 세파에 부대껴서 탁해진 사람들의 마음을 정화시키려는 신의 선물인 것 같다.

지난해 봄부터 식중독을 시작으로 코로나를 두 번이나 앓았다. 겨우 몸을 추스르자 우리 집 가장이 중병에 걸렸다. 두 번

의 큰 수술로 간병을 치르면서 힘에 부쳐서 그런지 모든 일이 짜증스러웠다. 대도시의 종합병원은 유리창을 경계로 지옥과 천국으로 구분되었다. 병마에 시달려 고통스러운 사람들을 보며 평소의 무미건조했던 시간조차도 행복이었음을 깨닫게 되었다.

추운 겨울날, 창밖에는 밤새 하얗게 내린 눈으로 도시의 복잡하고 지저분하던 풍경이 한 장의 도화지를 펼친 듯이 깨끗하였다. 언젠가는 이 고통스러운 순간도 기억 저편에 머물러서 경험으로 남아 삶의 지혜를 얻을 것이라고 자신을 다독거렸다.

주위의 모든 일들이 다 수월하고 좋을 수만은 없는 일이라고 다짐을 했지만 체력이 약해지니 작은 일에도 스트레스가 쌓이고 몸이 아팠다. 우선 내가 건강해야 주위에서 도움을 청할 때 손을 잡아 줄 수 있을 것이다. 나만의 시간을 갖는 일이 시급했다. 묵혀 둔 바깥사랑채를 정리하고 청소했다. 방 한 칸을 온전히 비워 찻방으로 꾸몄다.

하루 중에서 자투리 오후시간에 혼자서 차를 마신다. 편안한 마음으로 생각을 정리하고 머릿속을 비워 찻잔에 마음을 쏟으며 내 시간을 갖는다. 바빠 다니느라 밀쳐 둔 책도 읽고 실망했던 일에 대해서는 '괜찮다' 며 가슴을 쓸어내리기도 한다.

며칠 전, T.V에서 본 영화 베르너 헤어조크 감독의〈퀸 오브 데저트〉는 내게 신선한 자극을 주었다. 스토리는 영국의 여성 탐험가로서 20세기 중동정치에 중요한 역할을 한 고고학자인 거트루드 벨의 삶을 바탕으로 펼쳐진다.

부유한 집안에서 부족함 없이 자란 벨은 옥스퍼드사학과를 수

석 졸업하고 집에만 있는 생활이 답답하였다. 부모님을 설득하여 외교관삼촌이 근무하는 테헤란의 영국대사관으로 가게 된다. 그곳에서 헨리 카도건이라는 서기관보좌의 도움을 받아 테헤란 생활에 빠르게 적응한다.

 자상하게 챙겨주는 헨리에게 호감을 느끼고 사랑해서 결혼하고자하지만 벨은 부모님의 반대에 부딪힌다. 헨리는 이에 비관하여 스스로 목숨을 끊고 거트루드 벨은 좌절한다.

 전쟁 중에 여자 혼자서 사막여행을 한다는 부정적인 시선에도 고고학적 연구와 더불어 베두인족을 연구하고자 벨은 사막으로 길을 떠난다. 그녀는 자신의 마음이 원하는 바를 따른다. 사막 횡단 중에 만나는 세찬 모래바람은 오히려 상처 난 그녀의 마음을 달래주었다.

 헨리의 죽음 이후에 다른 남자를 만나지 않기로 결심했지만 다마스쿠스에서 그녀를 살뜰히 보살펴주는 리처드소령과 사랑에 빠진다. 그는 결혼한 남자였고 전쟁터에서 돌아오면 아내와 정리하고 벨과 삶을 시작하겠다고 하지만 갈라폴리 전투에서 사망했다는 소식을 듣는다. 벨은 평생 결혼하지 않고 바그다드에서 사망해 그곳에 묻혔다.

 그녀는 자신의 길을 찾아서 사막으로 떠났다. 달래지 않으면 걷잡을 수 없는 내면의 소리를 듣고 자신에게 충실한 삶을 살았다. 주위에 꺼달려 나를 추스르지 못하는 상황에서 접한 그녀의 이야기는 우선 자신에게 충실해야한다는 용기와 인생의 끝은 자신이 거두어야한다는 교훈을 주었다.

 어떤 일이 생기더라도 흔들리지 않는 정체성으로 나를 다독이

면서 살아가야한다고 마음속으로 다짐해 본다. 오롯이 혼자 된 시간에 조용히 차를 마신다.

가을 이야기

  바깥마당의 감잎들이 짝지어 다니는 친구들처럼 갈바람에 우수수 떨어진다. 많은 사람들이 단풍을 즐기려고 산과 들로 길을 나서지만 나는 오히려 코트 깃을 세우고 도심 속으로 외출을 한다. 스쳐 지나는 수많은 군중들 속에서 외로움을 타는 듯한 늙은 가로수의 푸념은 선홍빛 외로움이 되어 가슴으로 스며든다. 지양호 강변길에서 앞 다투어 달리는 자동차들의 쓸림에 허공으로 날아오르는 낙엽을 보면 슬퍼진다. 인위적으로 부대끼듯이 지는 낙엽은 오십을 겨우 넘긴 가을세상을 등진 어머니가 생각나서다. 그 옛날, 대문 밖에 쫓겨난 아이 때처럼 가슴의 먹먹함에 눈시울이 뜨거워진다.

  햇빛과 비와 바람을 잘 받은 나뭇잎들은 빛깔 고운 단풍이 된다. 나뭇잎사귀를 주워들고 쓰다듬듯이 살펴보면 그 속에는 많은 이야기가 숨어있다. 사람이 그려 낼 수 없는 오묘한 자연의

이야기다. 사람들 모두 저마다의 삶이 다르듯이 나뭇잎의 무늬나 색깔이 다 다르다.

 시나브로 떨어지는 잎들을 태우지 않고 잎 떨군 제 나무 아래에 쌓아둔다. 비가오고 삭아서 흙이 되어 나무에 자양분이 되게 한다. 떨어진 잎이지만 다시 회귀하는 것 같아서다.

 가을 깊은 마당에 국화와 달맞이꽃이 한창이다. 해마다 국화를 심었지만 잘 자라지 않았다. 줄기를 잘라 낼 줄을 몰라서 그냥 두면 웃자라 고개를 떨구다가 다음해는 자취도 없이 사라졌다. 올해는 지난가을 화분에 있던 국화를 마당 한켠에 줄지어 심어 두었더니 봄부터 줄기가 자라나서 볼품이 없었다. 자꾸만 나지막하게 잘라주었더니 여름이 지나자 타박하게 자라서 국화밭이 되었다. 시련을 겪을수록 지혜와 용기가 생기는 사람들처럼 쉴 새 없는 가위질에도 튼실한 꽃봉오리들이 맺혔다. 국화는 잘릴수록 멋진 모양으로 좋은 향기를 선사하지만 사는 동안 몇 번의 어려움을 겪은 나는 오히려 고집이 세고 부모님 곁에 있을 때, 철없었지만 순수하기만 했던 그 향기를 잃은 것 같다. 내 나이도 이제는 가을에 접어들어 그네들과 친구가 될 듯싶지만 이슬을 먹고 자란 그네들의 수수함을 욕되게 할까봐 조심스레 다가간다.

 봄에 피었다가 더운 여름에는 지취를 감춘 달맞이꽃이 화단에 수북이 피워있다. 봄, 가을로 피었다가 때가 되면 속절없이 지는 모습이 때 묻지 않은 산골처녀를 볼 때처럼 선하고 맑은 기운을 느낄 수 있기 때문이다. 흙이 있으면 척박한 땅에도 자리 잡아서 겨울 찬바람을 맞기까지 달 바라기를 한다. 달빛 아래

의 분홍 꽃은 청초하다. 저마다 향기를 간직한 채 땅속에서 침 잠하는 겨울까지 사계절을 거치는 동안 절제와 인내를 거듭하고 피워 낸 꽃들이라 신비스럽고 소중하다. 애잔하고 멋진 이런 친구들을 가까이 할 수 있다는 것은 행복한 일이다. 사람들의 부대낌은 이제 식상하다. 고즈넉한 밤, 어둠이 내리면 해맑게 웃는 달맞이꽃을 보러 마당에 나선다. 소나무 가지 위로 초승달이 빙긋거리며 내려다본다. 소슬한 바람에 콧노래를 부르며 이런 호사를 누릴 수 있게 터를 잡아준 부모님께 감사하다는 생각이 든다. 멋들어지게 달린 황금사과는 꼭 귀부인 같은 품격을 지녔다. 조막만한 빨간 사과는 말괄량이아이처럼 귀엽다. 얼음이 얼 때까지 마당을 풍요롭게 지켜 주리라.

 날이 밝으면 호수를 보러 가야겠다. 토라진 계집아이처럼 쌀쌀한 바람을 일으키는 호수는 푸른 가을을 안고 있을 것이다.

가시찔레

　나의 사춘기는 여고 이학년 때쯤 온 것 같다. 여자들에게 나타나는 신체적인 변화에서부터 모든 것이 늦되었다. 함께 사는 이모들에게 응석이나 부리던 내가 눈에 보이는 온갖 것에 신경이 쓰이기 시작한때가 그때부터였기 때문이다.
　두 살 터울의 오빠는 내게 항상 어른노릇을 하려고 하였다. 다른 아이들은 연년생의 오빠에게도 말을 높이는데, 나는 오빠 대접을 해주지 않는다고 매번 트집을 잡았다. 한번은 엄마에게는 친구 집에 간다고 하고 친구들과 '로미오와 줄리엣' 영화를 보러 갔는데, 오빠가 엄마에게 고자질해서 나는 오빠와 한 달 넘게 말을 않고 지낸 적도 있었다.
　같은 동네에 살던 친구 집 돌담에 붉은 찔레꽃이 흐드러지게 피던 날 저녁 무렵에 오빠가 친구와 같이 집으로 왔다. 오빠의

친구는 내 친구의 오빠이기도 하였다. 부산으로 이사 갔던 오빠의 친구는 집에 불이 나서 있을 곳이 없다며 당분간 우리 집 아래채에 오빠와 같이 있게 되었다.

 달빛이 창을 두드려 가슴이 설레던 밤, 나는 쪽창을 열고 하나, 둘, 별을 헤고 있었다. 디리리링- 아래채 오빠의 방에서 기타 줄 고르는 소리가 들렸다. 오빠의 서툰 영어노랫소리는 내 귀에 들어오지 않고, '해변의 길손'이 내 가슴을 두드렸다. 기타소리는 별들이 서로 부딪는 소리 같기도 하고 찔레꽃들의 속삭임처럼 아련하게 들렸다. 그날 밤, 공부도 않고 하는 일도 없이 밤늦게 까지 잠을 이루지 못하였다.

 다음날 아침, 툇마루 아래 벗어 놓은 흰 운동화가 왜 그리 빛이 났는지 지금도 이해 할 수 없는 일이다. 오빠친구인 그와 관련된 것은 무조건 좋아 보였다. 밤이 되면 친구네 집 담에 핀 찔레꽃을 꺾어서 오빠의 방에 꽂아주고 방 청소를 해 준다는 핑계로 그의 소지품을 살짝 훔쳐보기도 하였다.

 마당가 꽃밭의 붉은 모란꽃이 살풋 고개를 숙이던 어느 날이었다. 부엌에 들어가 있는 나에게 그는 물을 한 그릇 달라고 하였다. 내가 무심코 건네주는 물 사발을 받던 그가 멈추어 섰다. 물 사발을 받으면서 부딪친 그의 손과 내 손에는 전기가 흘렀다. 똑딱거리던 시계의 초침조차 딱! 멈추는 것 같았다. 나는 한 낮의 더위를 먹은 것처럼 어지럼증을 느꼈다. 오빠가 부르는 소리에 정신을 차린 그는 뛰어나갔고, 나는 한참을 부엌에서 머뭇거리다가 내 방으로 들어갔다. 멈춰진 맥박이 다시 뛰

는 듯 내 가슴이 콩당콩당 뛰었다.

 그 날부터 나는 그를 바로 보지 못하였고, 매일 꼬박꼬박 일기를 쓰기 시작했다. 일기라도 쓰지 않으면 가슴이 터질 것같이 답답했기 때문이었다. 오빠는 내가 오빠의 친구를 좋아하는 것을 눈치 챈 것 같았다. 하지만 나는 끝까지 내숭을 떨었다.

 오빠 방에서는 간혹 심상치 않은 기침 소리가 났다. 기침 소리에 놀라서 묻는 엄마에게, 오빠는 조용히 이야기하였다. 오빠친구의 기침이 심해지면, 입을 막고 있는 그의 손수건에 빨간 꽃물이 든다는 것을. 엄마와 나는 얼마나 놀랐는지 모른다. 엄마는 그가 우리 집에서 지내는 것을 달갑지 않게 생각했다. 혹 식구들에게 옮을까봐서 걱정했던 것이다.

 그의 기침소리가 들리면 나는 가슴이 아릿해졌다. 그렇게 몇 날이 지났다. 엄마는 그에게 부모님 곁으로 가는 것이 좋겠다고 이야기하였고, 그는 떠났다.

 그가 떠난 날 나는 한용운의 '님의 침묵'을 일기장 빽빽이 썼다.

 그런 후 지금까지 나는 한 번도 그를 볼 수가 없었다. 하지만 나이가 들어갈수록, 그가 떠난 날 저녁에 내 일기장에 쓴 '살아가는 동안 언제라도 그와 차 한 잔을 나누고 싶다.'는 문구가 한 번씩 떠오른다. 아침 이슬에 젖은 수선화 같은 그 첫사랑의 나르키소스 적인 마술에 아직도 빠져있는 것일까?

가을 연정戀情

*사는 동안에 어머니가 내게 가르쳤던 일들이 많은 도움을 주는 것을 느낀다. 어떤 일이라도 해낼 수 있다는 자신감에 두려움이 없기 때문이다.

쌓이는 낙엽은 처량하다. 그 쓸쓸함을 달래주려는 듯이 국화꽃향기로 마당이 그윽하다. 이맘때쯤이면 달랠 수 없는 그리움으로 가슴이 시려온다.

우리 집은 할머니와 일곱 식구였지만 저녁식사 때가 되면 늘 북적거렸다. 그래서 십인 분이 훨씬 넘는 끼니가 준비 되어 있어야 했다. 친척들과 일하는 사람들이 모이면 방과 마루에 상을 따로 차렸다. 여름에는 열무김치를 사흘 멀다하고 한 항아리씩 담그고 가을 김장을 할 때면 온 마당에 배추가 그득하였다. 겨울이 되면 마당의 연탄화덕에 곰탕을 자주 끓였다. 시끄

럽고 번잡한 것이 싫었던 나는 매번 짜증이 났다. 어느 땐 집에 불이 나서 갈 곳이 없다며 다섯 명의 객식구를 데려와서 그 집 수리가 끝날 때까지 합숙을 하였다.

 철이 들 무렵부터 나는 도저히 이해 할 수 없는 세상에서 애태우는 것보다 자꾸 일거리를 만드는 어머니와는 각기 다른 삶을 사는 것이 속편하겠다고 마음먹었다.

 그런데 사춘기가 지나자 어머니는 내게 호되게 시집살이를 시켰다. 항아리의 김치를 꺼내면 위에 덮여있던 우거지를 다시 꾹꾹 눌러서 덮어야 되고 된장을 들어내고도 힘껏 눌러서 다독여야 했다. 음식 하는 법과 설거지해서 그릇을 정리하는 것까지 시켰다. 상차림의 그릇이 놓이는 자리와 순서는 필수고 계절과 장소에 따라 놋, 사기, 스텐 그릇을 사용해야한다고 가르쳤다. 이모들이 다 할 수 있어서 내가 꼭 해야 할 필요가 없었지만 시집보낸 후에 부모들이 욕먹는다며 온갖 잔소리로 들볶았다. 가르친 뒤에 실수라도 하게 되면 물벼락을 맞았다.

 아들 둘, 딸 둘인 우리 형제 중에서 오빠와 나에게 완전 스파르타식 훈련을 시켰다. 오빠는 회초리가 몇 개는 부러져 나갔고 내게는 매는 못 때리고 수돗가에 가득 받아 놓은 물독의 물을 계절에 상관없이 바가지로 퍼부어 버렸다. 어느 땐 쫓겨나서 사랑채 댓돌에 앉아 퇴근하시는 아버지를 기다리거나 담장을 사이에 둔 이모네로 피신을 갔다. 오빠는 잘못한 일로 어머니한테 들키면 마라톤선수처럼 도망을 갔는데 끝까지 쫓아가서 잡아오는 어머니였다. 오죽하면 오빠는 회초리에 '우리 어머니는 강철입니다'를 적어놓았었다. 정말 어머니의 몸은 강철 같았

다.

　음식솜씨가 좋은 어머니에게 발인제 지낼 상차림이나 혼수상도 주문이 들어왔는데 팔십 몇 가지의 음식을 차리는 큰상 주문을 받아놓고 온천여행을 가버려서 열여덟 살의 나는 이모들과 아주 혼쭐이 난 적이 있었다. 너무 속상해서 어쩔 땐 양은세숫대야를 보도블록의 마당에 던져버리거나 마루에 서서 멀리 보이는 파아란 바다를 보며 울분을 삭혔고 '마흔 살이 되면 네 마음대로 하여라.'라는 어머니의 말을 위안으로 삼았다. 하여튼 어머니는 도저히 이해 못할 사람이었고 나랑은 사는 방식이 다른 강인한 사람으로 단정 지어버렸다. 아버지는 엄하시지만 오빠와 나를 사랑하셔서 늘 감싸주셨는데 결론은 언제나 어머니의 승리였다.

　나의 통금시간은 저녁 아홉시였다. 봄, 가을의 음악회나 친구들과의 모임으로 늦는 일이 있으면 마루에 지키고 앉아 있다가 맨발로 뛰어나와 물을 퍼부어버렸다. 어쩌다가 어머니가 집을 비울 때면 그리 좋을 수가 없는데 그런 일은 일 년에 두어 번밖에 되지 않았다.

　내가 스무 살을 넘긴 해의 늦가을, 친척집의 혼사라서 어머니가 집을 비운 날이었다. 친구들과 일찍 영화를 보고 그때 유행하던 음악다방에서 신청한 음악을 들으며 차를 마시기로 약속하였다. 영화는 아홉시 반쯤 끝났지만 마음 편하게 친구들과 찻집으로 향했다. 그런데 저만치 왠지 눈에 익은 뒷모습이보였다. 굵은 파마머리에 체크 모직코트를 입고 실크 목도리를 두른 여자, 쓸쓸하고 연약해보여서 보호해 주고 싶은 어머니의

뒷모습이었다. 뛰어가서 안아주고 싶어 두어 걸음 내딛다가 돌아서버렸다. 이 시간까지 집밖에 있다고 어떤 불호령이 떨어질지 모를 일이었다. 친구들과 수다를 떨다가 도둑고양이처럼 집으로 숨어 들어갔다. 그날, 어머니는 피곤했던지 큰방문은 닫혀 있었다.

내가 시집 온 후의 어머니는 그렇게 자상 할 수가 없었다. 사흘이 멀다 하고 해산물을 사오고 헤어질 때는 '이리 떨어져서 살게 될 것을 그렇게까지 할 필요는 없었는데... .'라며 눈물을 보이며 옛날 일들을 후회하셨다. 내가 서른도 되기 전에 어머니는 오십을 겨우 넘긴 가을에 세상을 떠났다. 결국 그날 밤의 이야기는 하지 못하였다.

갑자기 닥친 태풍 속에서 산모롱이 소나무 숲길로 숨어버리던 어머니의 상여를 보며 어머니가 없는 세상이 자유가 아닌 애달픈 그리움 속에서 살게 되리라는 것을 알았다. 늘 어머니를 그리워하던 오빠도 어머니와 비슷한 나이가 되자 가을에 떠나버렸다.

시집와서 한 번도 시집살이를 한 적이 없다. 오히려 서모였던 시어머니가 밥상을 차렸다. 시아버님의 사랑도 듬뿍 받았다.

사는 동안에 어머니가 내게 가르쳤던 일들이 많은 도움을 주는 것을 느낀다. 어떤 일이라도 해 낼 수 있다는 자신감으로 두려움이 없는 까닭이다. 낙엽이 쌓이는 이때가 되면 코트 깃을 올린 연약한 어머니의 뒷모습이 아른거려서 그리움에 몸살을 앓는다. 그때 달려가서 뒤에서 꼬옥 끌어안지 못한 것을 후회하면서.

나뭇잎이 우수수 바람을 일으킨다.

곁가지치기와 여백 만들기

　연일 재난경보다. 장마철의 잦은 비는 다들 예감을 했지만 엄청난 폭우와 침수로 산사태가 나서 많은 주택이 파손되고 인명피해를 입었다. 잎이 무성한 나무들도 예외는 아니다. 가지가 부러지고 둥치가 기우뚱하다.
　어수선한 구정이 지나고 이월이 되면 나무의 가지치기를 한다. 나무를 덮는 웃자란 곁가지를 잘라주고 안정감 있게 형태를 잡아주어야 한다. 지난봄의 추위 때문에 야무지게 정리를 못하고 대충 잘라 주었더니 잎만 무성하고 수확할 열매가 없다. 마치 생각은 무성하지만 뚜렷한 주제가 없는 글감처럼. 그런 창밖의 나무들을 보며 많은 생각에 잠긴다.
　어릴 때부터 말수가 적었던 나는 친구가 많지 않았다. 동네에서 같이 자란 친구들로 두세 명이면 족하고 사귀게 되면 속내를 다 털어놓고 흉허물 없이 지냈다. 서로 오해가 생겨 다툴 때

도 있었지만 언제 그랬냐는 듯이 금세 풀렸다. 환경이 다른 탓에 서로의 입장이 되어 이해하려고 애쓰고 상처가 되는 민감한 부분은 조심하였다. 하지만 한번 다투고 나면 마음을 털어 놓는 게 망설여지고 차츰 거리가 생겼다. 그럴 때면 먼 산을 보거나 세차게 흐르는 시냇물을 보며 마음속에 간직하고 있던 이야기들을 털어 놓았다. 볕바른 철둑길에 앉아서 저 멀리 보이는 푸른 산과의 대화는 때로는 나를 나무라기도 하고 어느 땐 가만히 다독거려 주었다. 식구들의 기분을 상하게 하지 않으려고 되도록이면 유쾌하게 지내려고 했다. 원래 말수가 적으니 하루 종일 말 한마디 하지 않아도 주변에선 으레 그랬거니 여기는 것 같았다.

 결혼을 하고 완전히 성격을 바꾸었다. 내 입장과 생각을 말하지 않으면 엄청난 고생과 불이익을 감수해야하는 상황이 생겼기 때문이었다. 어떤 일이던지 상황판단을 잘 해서 내 거취를 정해야 했다. 시집은 내가 자라고 보호 받던 울타리를 벗어난 전혀 다른 사회구성원들의 집단이었다. 말 한마디 없이 그저 묵묵히 내 일만하면 되던 일상생활에서 시작과 발단과 전개와 결론을 설명해야 되는 상황이 닥치자 많이 힘들었다. 그래서 애써 주위의 사람들과 좋은 관계를 가지려고 집안일에도 앞장서고 서로간의 우애를 돈독히 하려고 애썼다. 그러다보니 주위에서 일이 생기면 내가 처리하길 바라며 자꾸만 일거리가 생기게 되었다. 젊고 체력이 좋을 때는 내가 해내야한다는 사명감으로 일을 잘 처리했다. 이제는 나이가 들고 힘에 부대껴서 정말 중요한 일이 아니면 나서기가 꺼려진다. 남보다는 내가

우선이고 이익을 위해서 상대방을 이용하려는 사람들을 보면 혐오감이 생긴다. 그런 사람은 옆에서 도와주어도 고마운 줄을 모르고 결국에는 상대방을 원망하기 때문이다.

학창시절, 학교 담 옆의 장미 밭에서 나는 향기는 멀찌막이 떨어져 있어도 기분이 상쾌해지고 행복감에 젖었다. 주위를 밝고 아름답게 하는 그런 향기로운 사람이 될 수는 없을까. 아마 지나친 욕심이리라. 하지만 격이 떨어지지 않는 사람이고 싶다.

어릴 적, 어머니는 동네어귀의 나무 밑 평상에 모여 앉아 있는 아낙들의 모습을 경멸하였다. 더우면 방안에서 쉬어야 되고 집안의 잔일들을 미뤄 두고 지나는 사람들의 흉을 보는 것은 나쁜 일이라는 것이었다. 나이 들어도 고치지 못하는 나쁜 버릇을 가진 이들을 간 혹 본다. 나이 많은 사람들에게 삿대질로 대들고 이유 없이 심한 욕설을 할 때면 어머니의 가르침이 생각나서 환멸감을 느끼며 상대하기가 싫다. 특히 서로 이간질 시키며 싸움을 붙이는 사람과 속과 겉이 다른 이들은 멀리 해야겠다.

전원생활을 하면서 동네 어귀의 느티나무 쉼터에 잘 나가지 않았다. 그 자리에 주민회관이 생겨 모임이 있어도 꼭 참석해야 할 자리가 아니면 피한다. 내게 맞지 않으면 바꿔 보려는 것보다 피하는 것이 편해서다.

이제 오지랖 넓은 짓은 안하고 싶다. 내가 거두어야 할 가지들은 잘 보존하며 가꾸고 상처 주며 마음 쓰이게 하는 곁가지는 서서히 잘라 내야겠다. 내 자신을 온전히 보전하기에도 힘

에 부치기 때문이다. 하지만 사람은 더불어 사는 것이기에 마음이 통하는 선한 친구가 생기면 좀 좋으랴. 나무를 돋보이게 하는 새순의 가지는 자연 속에서 튼실하게 자라 좋은 열매를 맺지 않겠는가.

  오랜만에 보는 맑은 날이다. 빗줄기에 늘어진 나뭇가지를 잘라낸다. 여백사이로 햇빛이 눈부시다.

5부
허상의 굴레

자紫목련 앞에서

잎이 다 떨어져 버렸다. 가지를 잘라 본다. 잔가지는 말랐지만 원 둥치는 파란 생채기를 남긴다. 살릴 수 있을까.

올 봄에는 비가 오지 않았다. 심한 가뭄에 간간히 물을 주었지만 부족했던 것 같다. 지난해에 이어서 두 번째로 심었지만 잘 자라지를 않는다.

이른 봄이면 안 사랑채 마당에 하얀 목련이 환하게 피어서 온 동네를 밝힌다. 하얀 꽃이 청초해서 해질녘이면 아지랑이 피는 허공에 백련이 떠다니는 것 같은 환상에 젖기도 하였다. 그런데 지난해부터 웬일인지 하얀 목련이 처량해 보였다. 생기 넘치는 자목련이 꼭 있어야 할 것 같았다. 봄이 지날 무렵에 꽃이 핀 나지막한 나무를 심었지만 잎이 누렇게 말라서 떨어지더니 나무둥치에도 얼룩이 생기며 밑둥치가 썩고 말았다.

올해는 시기가 늦어서 실패하는 일이 생기지 않도록 이른 봄

에 심었지만 가뭄에 키가 큰 나무를 심은 탓인지 상태가 별로 좋아 보이지 않는다.

  어릴 적의 친구였던 옥이의 형제들은 딸이 여섯 명에 막내가 아들이었다. 옥이는 넷째 딸이었는데 건장한 남자처럼 생겨서인지 못하는 운동이 없었다. 운동회 때는 릴레이선수였고 길을 가다가 친구들을 집적거리는 남자들이 있으면 한쪽으로 끌고 가서 태권도로 끝장을 내버렸다. 잘못했다고 싹싹 빌며 달아나는 그들을 보며 우리는 손뼉을 쳤다. 옥이는 언제나 우리의 보디가드였다.

  서너 집 건너의 옥이 집 담장에는 해마다 자목련이 흐드러지게 피었다. 그 꽃은 이른 봄에 피어서 늦은 봄까지 골목을 환하게 지켰다. 옥이네 집은 매일이 사건의 연속이고 여러 명의 깔깔거리는 웃음소리가 바람에 흔들리는 자목련에 실려 골목이 떠들썩하였다. 숙제를 끝내면 재미있는 옥이네 집에 자주 놀러 갔다. 겨울동안은 추위에 문을 닫고 지내지만 자목련이 필 때쯤이면 마당에 평상을 몇 개 붙여서 주말의 점심은 평상에서 먹기도 하였다. 왁자지껄한 잔칫집 분위기와 화사한 자목련은 서로 화답을 하듯이 잘 어울렸다. 옥이가 넓은 집으로 이사를 간다며 그 자목련 나무를 우리 집에 옮겨 심는 게 어떠냐고 권했지만 침침한 골목 안을 환하게 밝히는 꽃나무를 가져 올 수는 없었다.

  간혹 울적할 때면 깔깔거리던 딸아이들의 웃음소리와 활기차게 허공을 날아오르는 것 같던 하얀 속살의 자목련이 떠오른다.

십여 년을 조용한 시골에서 지내다보니 적요한 분위기보다는 생기를 주는 화사한꽃이 더 좋아 보인다. 어느새 나도 몰래 촌스럽게 변한 것일까. 그전에는 고상하고 우아한 색이 좋았고 단아한 몸짓이 아름다워 보였었다. 그런데 이제는 남 앞에서 허튼 소리도 할 줄 알고 장난꾸러기처럼 즐겁고 재미있는 분위기로 리드 할 수 있는 사람이 멋져 보인다.
　아마 우리 집에 자목련이 잘 자라지 못하는 이유는 즐거운 웃음소리가 없고 부산한 사람들의 움직임이 없어서일까. 자꾸만 침체되고 울적해지는 마음을 기억 한 언저리에 웃음소리로 머무는 자목련으로 달래 보려는 것은 욕심일까. 어쩌면 말라가는 자목련을 보며 자꾸만 사그라지는 용기와 의미 없는 존재감이 지속 될까봐 염려하는 것인지도 모른다. 아무튼 올 가을에 또 자목련을 심어보리라. 정성껏 보살피고 겨울의 찬바람을 막아주면 어느 봄날, 화사한 자태를 내 앞에 드러낼 것이다. 그러면 자색목련꽃 아래에서 노래를 불러 보는 것은 어떨까. 사랑하는 아이들에게 사진과 함께 손 편지를 보내는 것도 좋겠다.
　나이가 들며 더 성숙해져서 어떤 일이던지 완벽하게 해 낼 수 있을 것이라고 생각했는데 아닌 것 같다. 몸이 약해져서 조금 힘든 일을 하면 휘둘리고 정신적으로도 사고의 영역이 좁아져서 깊이 생각하는 것에 짜증이 난다. 자신을 보호하기 위해서 본인 위주로 생각하게 되고 일의 해결을 위한 참을성도 부족해 지는 것 같다. 그나마 다행인 것은 자연을 제대로 볼 수 있는 시각적인 감각은 잃지 않아서 오롯이 자신을 지켜 잎과 꽃이 피고 열매 맺고 시들어가는 자연의 순리를 배우려고 스스로

를 채근한다.

 화사하게 활짝 피었던 함박꽃도 순식간에 그 빛깔을 잃고 하얀 꽃을 졸망졸망 피어내던 사과나무는 지금 열매 키우기에 한창이다. 저마다 다른 우리의 삶과 뭐가 다를 게 있는가. 늘 변할 수 있는 상황 속에서 살던 죽든 내 아픔은 내 몫으로 안고 생명력을 잃지 않으려고 애쓰는 자연을 보면 자신감을 잃고 우울증이나 어떤 일에 대한 자괴감은 없어야 될 것 같다.

 쫑쫑거리며 마당가의 벌레를 열심히 물고 가는 종다리를 본다. 모든 일을 긍정적으로 생각하고 성실히 살기를 바라며 흐트러진 자세를 추슬러 본다. 아침부터 흐리더니 반가운 이슬비가 내린다.

허상의 굴레

 진홍색 햇빛이 동쪽 창을 두드린다.
 더위에 시달려도 아침 햇살은 반갑다. 서둘러 일어나지만 아직 여섯 시도 지나지 않았다. 한여름의 일과는 새벽부터 시작해야 한다. 땅이 달구어지기전에 하루의 일을 반은 해 놓아야 한낮 더위에 마음 편히 쉴 수가 있다.
 사람의 욕구를 충족시키는데 그 한계선은 어디일까. 채우면 채울수록 욕심이 많아지는 것은 아닐까. 대문도 열기 전에 먼저 마당 둘레에 심어 놓은 감나무 아래를 살핀다. 떨어진 풋감을 줍기 위해서다. 타닌성분이 많은 풋감을 냉장고 안에 모아 두었다가 즙을 짜서 그 물로 염색을 한다.
 봄까지 잠잠하다가도 한여름이 되면 포목점을 기웃거린다. 염색할 천을 고르기 위해서다. 천을 떠다가 애벌빨래를 하여 잘

말려서 언제든지 염색할 수 있게 준비를 해 둔다. 마치 글을 쓸 때처럼 천의 소재에 맞는 염색 재료는 어떤 것이 좋을지 생각하고 염색제의 비율과 배합을 어떻게 해야 할지 고민한다. 첫 염색과 마감재를 잘해야 염색 후에 색이 빠져서 바래지 않고 오래도록 색상을 유지할 수 있는데 쉬운 일은 아니다. 일정한 공식이 있는 것이 아니고 햇빛과 바람, 습도에 따라 색깔이 달라진다. 전혀 예상치 못했던 자연이 주는 오묘한 색채에 빠져 그 색감에 매료되고 한 가지 정갈한 색을 지닌 것을 볼 때 경이로움마저 느낀다.

 확고한 신념과 뚜렷한 정체성은 누구나 갖추어야하는 것이기에 주어진 만큼 드러나는 자연의 순수함에 골몰하다 보면 더위에 줄줄이 흐르는 땀도 잊는다. 때로는 재료에 준하지 않고 갖고 싶은 색깔을 내려는 내 이기심에 자책하며 겸손해지기도 한다.

 봄부터 생각해 둔 디자인은 삼베를 쪽물로 진하게 염색해서 깊은 바다색으로 만들고 허리에는 편하게 고무줄을 넣어 치마바지를 만들어 보는 것이었다. 여름옷이 없는 것도 아니지만 유난히 덥다고 하는 올여름에 몸에 감기지 않고 아주 편한, 내가 만든 옷을 입고 싶었다.

 바느질을 배운 적은 없지만, 어릴 적에 어머니가 재봉틀 앞에만 앉으면 새로운 옷들이 만들어지고 찢어진 옷도 새 옷처럼 바뀌는 것에 흥미를 느꼈었다. 그래서 재봉틀 바늘에 실을 끼우는 순서와 못 쓰는 헝겊을 놓고 바늘이 앞으로 뒤로 움직이

는 것을 눈여겨보았다.

　초등학교 삼학년 때다. 한 동네 사는 친구가 언니와 나란히 원피스를 입고 등교를 하였다. 부모님이 부부교사였는데 서울 출장길에 백화점에서 사온 옷이라 하였다. 그때 대부분 허리치마에 면 블라우스를 입었는데 원피스는 신문물이었다. 어머니는 친구를 붙잡고 원피스의 앞과 뒤를 유심히 살피고 길이를 재더니 메모를 하셨다. 일주일쯤 지났을까 아침에 잠을 깬 내 머리 맡에 굵은 꽃무늬 반팔미디원피스가 놓여있었다. 그때, 얼마나 기뻤던지 어머니를 꼭 껴안았던 기억이 난다. 어머니가 천을 뜨다가 손수 만든 그 옷이 너무 좋아서 흙이 묻을까봐 공깃돌놀이도 하지 않았었다. 그 기억에서 벗어나지 못해서 일까. 아니면 어머니에 대한 그리움 때문인지 여름만 오면 재봉틀 앞에 앉아서 옷을 만들고 싶어진다.

　편한 속바지를 견본으로 디자인을 하고 서툰 박음질 때문에 실밥 따기를 여러 번 해서 겨우 헐렁한 삼베 치마바지가 만들어졌다. 진한 쪽빛의 색깔을 내기 위해서 며칠 동안 땀을 쏟으며 마당의 빨랫줄에 매달렸었다. 풀 먹인 다림질은 또 어떤가. 누가 시킨다고 할 수 있는 일이 아니었다.

　외손녀의 잠옷바지, 손자의 애기이불, 감염색의 속바지와 속치마를 만들고 나자 온 몸이 녹초가 되고 재봉틀도 보기 싫어서 골방에 집어넣고 말았다.

　이제는 시원한 곳에 편하게 앉아서 글 쓰는 것에 매력을 느낀다. 하얀 백지 위에 놓인 손과 팔이 햇빛에 그을려 보기 흉하

다. 염색을 하려면 중무장을 하고 작업을 하여도 흔적은 남기 마련이다. 하지만 평면의 천에서 입체감과 삼베치마바지라는 이름을 가진 하나의 작품을 탄생시킨 것에 대한 성취감으로 가슴이 뿌듯하다.

얼마 전, TV에서 본 영상이 잊히질 않는다. 계절마다 옷 정리를 하면서 좀 더 가난한 나라의 사람들과 나누어 입는다는 생각으로 헌옷은 수거함에 버렸다. 그러한 생각이 얼마나 어리석었는지 절실하게 깨달았다. 아프리카 오지의 사람들이 각 나라의 사람들이 버린 옷으로 몸살을 치루고 있었다. 입다가 버린 썩지도 않는 화학섬유의 옷들이 강과 바다, 들녘에 지천으로 버려져서 지구를 오염시키고 있었다. 이제는 되도록 천연섬유의 옷을 입고 자주 사서 입을 일이 아니라 있는 옷을 잘 수선해서 아껴서 입어야겠다고 다짐하였다.

여름이 되면 만들고 싶은 옷에 대한 욕심도 줄여야 할 것 같다. 옷이 쌓인 자리를 비워낸 공간에 고아한 난초 한 포기 들여놓으면 어떨까. 그 또한 채우려는 욕심이면 바람이 머무는 빈자리는 또 어떤가.

저기, 훨훨 나는 흰나비는 태어 날 때의 날개 옷 하나로 평생을 살다가 스러진다. 얼마나 자유롭고 화사한가! 언젠가는 다 버리고 갈 것을. 이제는 채우려고만 하는 욕심을 버려야 할 때가 된 것 같다.

금동琴洞부락의 유래

 옛날,(선사시대나 고려, 신라시대로 추정) 은거한 선비가 이곳에 들어와서 주경야독하며 한가한 때는 가야금을 켜면서 소일하였다. 지나는 행인들이 숲속에서 들려오는 가야금소리를 듣고 금(琴)을 켜는 동네라 하여 고금동(古琴洞)이라 불렀다. 고(古)는 가야금 줄을 고른다는 뜻으로 이두 식으로 차음한 것이고 금(琴)은 방언으로 기미라고도 불러서 골기미라 불리기도 한다.

 붉은 댕기를 풀고 쪽머리에 은비녀를 꽂은 날, 열여섯 소녀는 해를 안았다. 친정에서 달포를 지내고 길일을 잡아 시집으로 가는 날이다. 지금까지 마을 밖을 한 번도 나가 본 적이 없는 새악시는 열두 폭 다홍치마에 노란색저고리를 입는다. 옥색 두루마기 옷고름을 매어주시던 어머니는 걱정스러운 눈빛으로

딸애의 등을 자꾸만 쓸어내린다. 아무래도 종갓집 큰며느리로 딸을 보내기가 미덥지 못한 탓이다. 새악시는 사랑채의 어른들께 인사를 올린 뒤 바깥마당에 내려 둔 가마에 올라탔다. 세 살 아래의 신랑은 조랑말을 타고 마름에게 말고삐를 맡긴 채 대문 밖에서 기다리고 있었다. 흔들거리는 가마의 쪽문사이로 자꾸만 멀어지는 어머니의 모습이 뿌연 안개에 싸인 듯 흐려졌다.

 금동(琴洞), 땅속에서 거문고 소리가 들려 지었다는 동네이름. 지반이 약해 기와를 올리지 못하는 곳. 붉은 옻칠을 먹였던 서까래는 먹빛으로 변했다. 5대(代)를 내려오며 온갖 서러운 일과 기뻤던 웃음소리까지 삼켜 속까지 검게 탄 것일까.

 잠겨있는 안사랑의 대문을 열고 들어선다. 여름부터 떨어진 감잎이 붉은 황토마당에 수북이 쌓였고 설익어 떨어진 감은 토담의 기왓장에다 심술궂은 그림을 그려 놓았다. 집 뒤의 대밭이 수런대더니 까치 떼가 후드득 날아올라 소나무 가지에 앉는다. 낙숫물을 받은 작은 돌절구에 높푸른 하늘이 여울대고 마알간 대청마루에는 시아버님의 그림자가 가득하다.

 바람결에 들려오는 글 읽는 소리, 안채에서 고른 리듬을 타던 시어머니의 다듬질소리, 집 뒷산에 멀쑥하게 자란 아름드리 적송들. 웃어른들의 기상이 배어있는 안팎을 둘러보며 흐트러졌던 마음을 추슬러 본다. 문득 사랑채에서 들리던 아버님의 잔기침소리가 그립다.

 마을에는 큰 바위들이 집 안팎으로 흩어져 있는데 옛날, 선인이 가야금을 얹었던 자리라고 전해진다. 또한 땅속이 가야금의 속처럼 비어있고 암반으로 된 지역이라서 집을 지어도 무거운

재료는 쓸 수가 없었다고 한다.

 일제 강점기 때, 들머리 사랑채가 수곡의 중앙이라서 수곡면 사무소로 쓰였다. 교통이 불편하여 신작로가 있는 지금자리로 새로 지어 나갔다. 지금의 본채는 면장의 사무실로 쓰여서 식구들은 뒷산너머의 서재에서 지내다가 사무소가 옮겨 간 뒤 이 집으로 이사하였다. 사랑채 서까래에는 〈수곡면 사무소〉라고 먹물로 쓴 글자가 지금도 선명하다.

 금동은 물이 맑고 많은 곳이라 딸기를 재배하여 전국으로, 동남아시아까지 수출하여 소득을 올린다. 수곡면사무소를 마주보는 산동네는 앞산의 아름다운정취를 한 눈에 볼 수 있고 동네를 수호신처럼 둘러싼 적송들로 아담하고 편안해 보인다. 간혹 신작로를 지나가던 차들이 동네로 들어와 마을이 예쁘다며 타작마당의 쉼터에서 쉬어가기도 한다.

 먹빛 하늘에 별이 쏟아지는 밤이면 마당에서 산책하며 옛 생각에 잠긴다. 어디선가 우렁~ 우르렁 가야금소리가 들리는 듯하다.

새벽 정안수

입동을 넘긴 지가 엊그제 같은데, 새벽녘에 일어나 밖을 내다보니 서리가 뽀얗게 내려있다. 쌀가루같이 세상을 하얗게 덮으며 밤 새 찾아왔던 서리는 아침이 채 오기도 전에 도둑고양이처럼 사라져버리고 흔적조차 없다.

오늘은 음력 시월의 마지막 날, 내 생일이다.

엄마가 돌아가신 뒤, 나는 엄마가 보고 싶어 견딜 수가 없었다. 그래서 내 생일날이 되면 새벽같이 일어나서 생일상을 차린다. 엄마에게 드리기 위해서다. 사계절 중에서 하필이면 추울 때 태어나 엄마는 퍽 고생을 하셨을 것이다. 옛날에는 산모가 아기를 낳으러 산실로 들어가면 살아서 그 방을 나오라는 뜻으로 고무신의 코를 바깥으로 돌려놓았다고 한다. 엄마는 꽁꽁 얼어붙은 겨울 냇가로 기저귀빨래를 하러 다녔을 것이다. 생일 상 가운데는 맑은 물 한 그릇을 떠놓는다. 물속에 엄마와

할머니의 모습이 아른거린다.
 내가 중학교 일 학년 때, 이른 봄이었다. 화장실에 가고 싶어 새벽잠을 깼는데 옆에서 자고 있을 할머니가 보이지 않았다. 아직은 창호지의 문풍지가 바람소리를 낼 때여서 걱정이 되었다. 문을 밀치고 마루로 나서다가 마당가의 장독대에 희끄무레한 물체를 보고 깜짝 놀랐다. 급히 방으로 들어와 나는 문고리를 잡고 틈새로 바깥의 동정을 살폈다. 할머니였다. 할머니는 장독 앞에 서서 두 손을 비비며 한참동안 무어라고 중얼거리셨다. 나는 할머니가 돌아서실 때까지 계속 지켜보다가 이불을 둘러쓰고 자는 체하였다. 방으로 들어오신 할머니는 추우신 지 두 손을 이불 밑에 넣으셨다. 나는 막 잠에서 깨어난 듯 "어디 갔다 와요?" "와이리 일찍 일어났노. 더 자거라. 내, 얼굴 씻고 안왔나." 내 이불을 다독거려 주시며 할머니는 멋쩍게 웃으셨다. 할머니의 정안수는 계절마다 달랐다. 봄에는 울타리의 개나리꽃잎이 물속에서 찰랑대고, 여름에는 소나기를 만나 사발에는 홍수가 났다. 가을엔 색동옷의 나뭇잎이 배가되어 떠 있고, 겨울에는 빙수그릇이 되어 있었다. 사발에 소복이 얹힌 눈은 솜사탕을 먹을 때처럼 사르르 녹았다.
 정안수의 풍경이 바뀌어 가는 동안 할머니의 모습도 변하여갔다. 높은 마루에 올라설 때면 힘들어하시고, 어느 때는 며칠씩 정안수를 떠놓지 못할 때도 있었다. 할머니는 치매에 걸리셨다. 엄마는 먼지가 앉은 흰 사발을 깨끗이 씻어서 장독대에 엎어놓았다.
 할머니가 병석에 누운 지 일 년이다 되어 가는 어느 날, 학교

에서 돌아온 나는 장독 위에 놓여있는 사발을 보았다. 반가웠다. 아프기 전의 할머니를 본 것처럼.

 그 날은 엄마가 할머니에 대한 미움의 끈을 풀어버리고, 할머니의 회복을 기원하며 떠놓은 정안수였다. 할머니와 엄마의 사이에는 왠지 찬바람이 돌아서, 간혹 내가 중간에서 다리 역할을 하지 않으면 안 되는 일도 있었다. 잠깐 맑은 정신이든 할머니가 먼저 엄마의 손을 잡았던 것이다. 엄마는 맨 먼저 장독대에 엎어놓은 사발에 정안수부터 떠놓았다.

 그때부터 엄마는 아침마다 장독 위에 정안수를 떠놓고 두 손을 모았다. 쉰 한 살의 추석을 넘길 때까지... .

 엄마는 할머니보다 이십 년을 적게 사셨다. 나는 할머니와 엄마가 아침마다 정안수를 떠놓던 사발을 가져왔다. 할머니와 엄마가 그리울 때면 찬장 안에 넣어둔 사발을 꺼내어 만져보곤 했다.

 나에게는 한살 위의 손아래 시누이가 있다. 예쁘고 심성이 고운 시누이는 다섯 살에 어머니를 여의고 서모 밑에서 자랐다. 내가 시집왔을 때 시누이는 객지에서 직장에 다니고 있었다. 나이 스물여덟이 되자 직장을 그만두고 우리 집에서 함께 지냈다. 내 위로 동서가 셋이나 있었지만 같은 또래의 내가 편했던 모양이었다. 결혼을 시켜야겠는데 맞선을 보는 곳마다 성사가 되지 않았다. 시누이는 자신감을 잃었고 보는 나도 안타까웠다.

 그날은 제법 괜찮은 총각과 맞선을 보는 날이었다. 집에서 애를 태우던 나는 찬장 안에 넣어둔 하얀 사발을 꺼내었다. 볕바

른 곳에 둔 장독 위에 정안수를 떠놓고, 이번에는 시누이가 꼭 시집을 갈 수 있도록 기원하였다. 다행히 시누이는 그 청년과 결혼하였고, 연년생의 아들까지 낳았다.

 나는 그 때부터 아침이면 정갈하게 얼굴을 씻고 하얀 사발에 정안수를 떠서 할머니와 엄마의 마음을 담아 놓는다.

 아침마다 내가 떠놓는 정안수는 할머니와 엄마의 정신이며 내 삶의 원천이다. 살다보면 어쩔 수 없이 닥쳐오는 어려운 역경 속에서도 오롯이 나를 지킬 수 있는 생명수이기도 하다. 오늘도 나는 정안수를 떠놓고 두 손을 모은다.

 가족의 평안과 사방의 뭇 생명들이 지혜롭게 살기를 기원하면서….

나비의 꿈

처서가 지난지도 일주일이 넘었건만 한낮의 햇빛에 눈이 부시다. 올 봄 윤이월에 이장(移葬)을 한 고조 할머니와 할아버지의 산소에 파릇파릇 올라온 잔디 사이로 멋대로 자란 잡초가 쑤욱 고개를 내밀고 있다. 방학이라 집에 내려온 아들과 여름내 자란 풀 섶에 독 오른 뱀이라도 나오지 않을까 조바심하면서 풀대를 손아귀에 쥐었다. 하얀 나비들이 머리 위를 맴돌다가 산소 밑에 갈아놓은 상추꽃밭으로 숨는다.

붉은 댕기를 풀고 쪽머리에 은비녀를 꼽던 날, 열여섯 소녀는 해를 안았다. 한 달 간을 친정에서 지내고 길일을 잡아서 시집으로 가는 날이다. 마을 밖을 한 번도 나가 본적이 없는 새악시는 열두 폭 다홍치마에 초록 반호장 저고리를 입고, 감색 두루마기를 걸쳤다. "애야 매사에 조심하여야 한다. 시부모님도 각별히 잘 모시고…." 큰 며느리로 시집보내는 어머니의 걱정스

러운 눈빛에 새색시는 고개를 끄덕거렸다. 댓돌에 가지런히 놓인 신발을 신고 사랑채에 계신 아버지께 인사를 올린 뒤 마당 가운데 놓여있는 가마에 올라탔다. 세 살 아래의 신랑은 조랑말을 타고 마름에게 말고삐를 맡긴 채 벌써 대문 밖으로 나가 있었다.

 새악시는 가마의 쪽창을 살그머니 밀어보았다. 산에는 군데군데 분홍진달래가 피어 있었지만 창 틈새로 들어오는 바람은 쌀랑했다. 옷고름에 배인 어머니의 온기를 바람에게 뺏기는 것 같아서 가슴을 꼭 누르며 얼른 창을 닫았다. 시부모님들이 어떤 분들일까 걱정이 되고 흔들리는 가마 때문에 속도 울렁거렸다. 콩닥거리는 가슴은 아랑곳없이 가마는 나지막한 산을 두어 개 지나고 나룻배로 강을 건너서 좁은 신작로 길로 들어섰다. 다 왔다는 가마꾼들의 웅성거리는 소리가 들렸다. 매무새를 만지며 살짝 벌어진 문 틈새로 밖을 내다보았다. 온 동네사람들이 마중을 나온 것 같았다. 동네어귀의 큰 연못가엔 한 아름이 넘는 수양버들이 파릇한 새 순을 밥알만큼 터트리고 있었다. 좁은 골목길로 들어서던 가마는 시집의 안마당에서 멈추었다. 대청에서 웃각시들의 부축을 받으며 안방에 앉아 계시는 시부모님께 큰절을 올렸다.

 택호가 동국 댁이 된 새색시는 긴 봄날이 지나는 줄도 모르고 여름에는 빨래 푸답에 가을엔 머슴들의 찬거리를 챙기느라 정신이 없었다. 자라면서 힘든 일을 하지 않은지라 가끔 몸살로 몸져누웠지만 시부모님의 따뜻한 보살핌과 성실하고 착한 남편의 사랑으로 자리에서 털고 일어나곤 하였다.

집 뒤의 대숲에서 쉬쉬 겨울바람소리가 날 즈음 저녁 문안을 여쭈려고 사랑채로 들어서던 동곡댁은 "벌써 일 년이 다 되어 가는데, 왜 태기가 없을까요?" 시어머니의 걱정스런 목소리에 발이 얼어붙었다. 그런 후, 달이 둥글게 차기 시작하면 동곡댁은 집 뒤 언덕배기에 서서 달 바라기를 하였고, 장독간 옆 큰 바위 위에 새벽같이 정안수를 떠놓고 태임 되기를 빌었지만 시집 온지 사년이 지나도록 태기가 없었다. 자상한 신랑이 죄스러워하는 마음을 다독거려 주었지만 마음은 한시도 편치 않았다. 아이를 갖고 싶다'는 소망이 지나쳐 심화 병이 난 것인지 설을 넘기고 뒷산에서 뻐꾸기가 목청을 가다듬을 즈음, 동곡댁은 몸져누웠다.

집 뒤 채전 밭에 도라지꽃이 한창이던 날, 유명을 달리한 동곡댁은 '천마가 북풍을 타고 하늘로 오른다.'는 제마치啼馬峙 명당에 누웠다.

남겨진 신랑도 후처를 맞아 아들을 하나 얻고는 동국댁이 떠난 오년 뒤 세상을 달리하였다. 동곡댁과는 산 하나를 사이에 두고 누웠다.

후처로 들어오셔서 아들 한 분을 두고 쉰 한 살 까지 사셨던 마실 할머니는 〈진양지〉에 효부로 올려져있다. 그 아드님이신 내 시 증조할아버님께서는 어머니가 돌아가시자 부엌 뒤에 가묘를 하셨다가 차마 어머니를 먼 곳으로 보낼 수 없어서 그곳을 묘소로 정하여 아침저녁으로 문안을 올리셨다고 한다.

집안사람들이 의논 끝에 동곡 할머니를 할아버지와 같이 마실

할머니의 산소 옆으로 모시기로 결정했다. 후손을 남기지 못하고 일찍 가셨지만 쓸쓸히 혼자 계시도록 내버려두는 것이 죄송스러웠기 때문이었다. 마실 할머니 옆에 할아버지를 모시고 오른 편에는 동곡할머니를 모셨다. 이제는 나란히 누워 계시는 고조할아버지와 두 분 할머니의 산소에서 그 분들의 남겨진 시름이라도 뽑아내듯, 아들과 흐르는 땀을 서로 훔쳐 주며 더북이 자란 잡초를 뽑는다.

  상추밭에서 숨바꼭질 하듯 날고 앉기를 반복하는 나비들의 몸짓이 한가롭다. 비록 미물들의 삶일지라도, 그네들과 우리의 삶이 무에 다르겠는가.

공존, 더 나은 삶을 위하여

오늘 아침, 부엌문을 열자 어디선가 시끄러운 새소리가 들려왔다. 지지배배~ 하며 떠드는 소리는 여러 마리의 새끼들이 떠드는 합창이었다. 창밖에서 나는 소리거니 예사롭게 여겼다.

음식을 할 때는 습관적으로 렌지후드를 켠다. 가스의 역한 냄새가 싫고 조리하는 음식냄새가 독해서 기관지에 자극을 주기 때문이다.

해마다 마당의 함박꽃이 필 무렵이면 창밖, 렌지후드의 환기통에 새들이 새끼를 부화 시켰다. 매년 생기는 일이지만 목청껏 떠들던 새들이 날아가 버리고 나서 환기통의 이물질들을 청소하고 나면 쉬 잊혀졌다.

이상하게 생각 될 정도로 꽤 많았던 고양이들이 순식간에 없어졌다. 새들을 쫒아 다니던 집안의 길고양이들이 없어져서인지 올해는 유달리 새들이 많다. 아침이면 온갖 새들이 찾아와

서 지저귀고 마당에서 아장거리며 걷는다. 조용하고 넓은 집에 부부만 살다가 시끄러운 새들의 지저귐조차 반갑기도 하지만 여러 곳의 처마 밑을 두고 환기통 안에 새끼를 부화 시킨 것을 보면서 지난날의 내 어리석음이 떠오른다.

 큰애를 낳고 바로 TV를 구입했다. 한 밤 애국가를 끝으로 화면이 정지 될 때까지 켜 놓을 때가 많았다. 전자파나 화면의 빛으로 인하여 아이의 시력에 나쁜 영향을 줄 수 있다는 생각을 전혀 하지 못하였다. 다만 안경을 낀 아빠보다 시력이 좋은 나를 닮기를 바라며 영양제를 챙기고 음식을 골고루 먹이려고 애썼다.

 큰애가 초등학교 저 학년 때, 칠판의 글자가 흐릿하다고 말해서 안과에서 시력검사를 하였더니 안경에 두꺼운 렌즈를 끼워야 할 정도로 시력이 좋지 않았다. 어릴 때부터 책읽기를 좋아하고 TV 앞에 가까이 붙어 있는 것을 주의 깊게 살피지 못한 내 불찰이었다. 작은 얼굴에 무거운 안경을 낀 아이를 볼 때마다 속상했다. 딸애도 중학교 때, 안경을 끼고 말았다. 돌이킬 수 없는 일이었다.

 요즈음의 젊은 부모들은 그러지 않는다. 육아에 대한 지식을 미리 학습해서 눈동자의 수정체가 완전한 형태를 갖출 때까지 출산 후에는 TV를 아예 구석으로 밀쳐두고 작은 글씨의 책도 치우고 식품도 연령에 맞게 선택해서 먹인다. 처음엔 너무 까다롭게 아이를 키우는 것 같아서 딸아이와 다투기도 하였지만 지나고나니 육아에 대한 지식을 사전에 탐문해서 실행한 것에 대해 고맙고 감탄할 따름이다.

일주일 정도 지나자 새소리가 들리지 않았다. 렌지후드를 마음 놓고 틀 수 있는 편안함은 있지만 걱정이 앞선다. 부화되어서 날아간 새들이 시끄러운 기계음소리에 스트레스를 받아 몸속의 장기에 이상이 생기지는 않았을까.

많은 일들을 경험 할수록 어떤 일이던지 시작하기 전에 철저한 사전 준비가 필요하고 실행할 때는 침착하게 임해야 할 것 같다. 지나간 추억속의 일들이 그립기도 하지만 가만히 생각해 보면 감정적으로 처리한 일들이 많아서 때로는 후회되기도 한다.

이제는 노파심으로 생각과 감정이 둔해진 탓인지 기쁜 일이 생기면 뒤따를 슬픈 일이 걱정되고 지독히 슬픈 일도, 감정을 추스르고 나면 괜찮아지겠지 하고 스스로를 달래보기도 한다.

환풍기 구멍을 막지 못한 부주의로 인하여 어미 새를 혼란에 빠뜨리고 부화된 새끼들에게 상처를 준 것에 후회하면서 환히 뚫린 구멍을 방충망으로 메꾸었다.

자연은 어떤 특정인 개인의 것이 아니고 생명 있는 모든 것들과 함께하는 것이기에 잘 보존하여 나누어 가져야된다는 생각이다. 포로롱거리며 주위를 맴도는 종달새 무리를 보며 '이제는 나무 둥치나 비를 피할 수 있는 처마 밑에 집을 지어라'며 마음속으로 화답을 한다. 주거의 안정이 삶의 질을 높이는데 얼마나 소중한 역할을 하는지 잘 알기 때문이다.

어디서 금빛날개를 지닌 작은 새 한 마리가 본채 처마 밑으로 날아든다. 하늘이 뿌옇게 흐려지는 것을 보니 아마 해가 기우나 보다.

뿌리

　희뿌옇게 창호지문이 밝아지면 나른하게 누워 있고 싶지만 햇살의 정겨움에 마당으로 나선다. 풀잎이 흠씬 젖던 이슬이 멎고 잔디는 싯누런 색으로 물들었다. 아침 식단에 오를 애호박과 풋고추, 가지를 따고 주스용 케일 잎도 바구니에 담는다. 여기저기 뒹굴고 있는 늙은 호박덩이에도 눈 맞춤을 하고 부추밭 앞에서 걸음을 멈추었다. 연둣빛으로 단장한 민들레 새 잎들이 옹송그리며 돋아있다.
　마당가에 소복이 자라난 민들레가 이른 봄에 잎이 나고 꽃을 피우더니 뙤약볕에 바짝 말라 찢어졌었다. 불그스레 피멍까지 들던 잎들이 씨방을 곤추세우고 하얀 솜털을 풀풀 바람결에 날려 골목어귀와 마당 위를 뒹굴었다. 여름장마 탓인지 흔적조차 없어져서 앙증맞은 꽃들을 잊고 있었는데 온갖 잎들이 단풍으로 물들고 떨어질 때 말끔하게 단장한 새 잎으로 수줍게 돋아

나서 해살 거린다. 새 생명을 보듯이 반갑다.

　시골사람들은 어디에서나 표가 난다. 검게 그을린 얼굴, 굽어진 허리, 휘어진 다리로 걸으며 힘들어 한다. 시내에서 살 때는 그런 모습을 도저히 이해 할 수 없었지만 시골생활을 하면서 그들의 망가진 몸이 얼마나 값어치가 있는지 잘 알게 되었다. 열악했던 환경에서 가족을 지켜내고자 고된 농사일을 하였고 아파도 참으며 가정의 행복을 지키려 했을 것이다. 나이 들어서 인지 이제는 사람 보는 눈이 바뀌어서 상대방의 내면을 들여다보는 버릇이 생겨 탈이다. 눈동자를 가만히 들여다보면 마음을 보이는 듯하다. 잘 차려 입고 잘 웃는 번지러한 겉치레보다는 화를 잘 내고 잘못 된 점은 지적하더라도 순박한 심성을 가진 이들 곁에 다가가고 싶다. 속은 덮어 두고 겉으로만 진심인체 포장하며 사는 사람들에 식상한 탓일까.

　한 해를 넘기기도 전에 찢기고 멍든 옷을 버리고 새잎과 꽃으로 단장하는 민들레를 보고 망가진 몸을 다시 고치기는 쉽지 않지만 이들도 훌륭한 의료진을 만나서 적절한 치료를 받아 건강하게 살았으면 하는 바램을 가져본다.

　진실과 순리대로 살면서 잘 키워낸 정직한 후손들이 이제는 그 희생에 대한 보답으로 건실한 사회의 한 일원들이 되어 있지 않은가. 이제는 뿌리 없이 핀 조화에 속지 않고 그 안의 내용물을 잘 살피는 슬기로움을 지녀야겠다.

동리,목월문학관을 보고

흐린 후에 비가 온다는 일기예보였지만 그늘지고 선선해서 여행하기에 좋은 날씨였다. 협회의 낯익은 얼굴들을 보니 반가웠다. 편안한 마음으로 하루를 잘 보낼 것 같은 기대감에 부풀었다.

목월,〈아버지와 아들〉

누군가를 속 깊이 이해한다는 것은 쉽지 않다. 하물며 다른 시대를 살아온 부모님의 삶을 이해하고 사랑하는 것은 흔치 않은 일이다. 박목월 시인의 아들, 박동규교수가 TV에 나와서 자기 아버지의 시를 낭송하고 자라면서 느꼈던 아버지의 따뜻한 마음씀씀이를 소소하게 이야기하였던 적이 있었다. 시낭송에는 낭송가가 그 시를 완전히 소화시켜 자기의 것으로 만들어야 듣는 이들에게 깊은 울림을 주는 소리를 전달할 수 있다. 아무런 기교를 부리지 않은 수수한 박동규교수의 시낭송은 아버지의

시세계에 그리움과 애잔한 사랑까지 녹아 있어 시청하는 이의 가슴까지 훈훈하게 달구었다.

　가난했던 살림살이 속에서 가족들을 잘 돌보고 싶은 아버지의 따뜻한 마음과 남편을 존경하고 습작시간이면 단칸방생활에서 방해될까봐 추운 겨울날 아이를 업고 바깥으로 자리를 피해 주면서까지 집필을 도왔던 어머니. 두 분을 그리는 그의 유순한 모습에서 사랑을 받고 자란 자녀의 모습을 보았고 박목월의 시는 살아있는 풍경의 울림으로 가슴을 두드렸다.

　'구름에 달 가듯이 가는 나그네'는 상시로 떠올리는 박목월의 「나그네」의 한 구절이다. 검은 구름사이로 달음질치듯이 가는 달을 볼 때가 더러 있다. 어려운 상황에 부딪혀서 마음이 괴로울 때면 캄캄한 밤하늘의 구름사이로 미련 없이 지나가버리던 달을 떠올리며 용기를 얻기도 하였다.

　창작활동을 하면서 늘 아쉬운 것은 가족들의 무관심이다. 한 번이라도 훑어보고 조언을 해주면 좋으련만 왜 굳이 힘든 일을 하는지 이해 할 수 없다는 표정으로 볼 때면 홀로 뒹구는 돌멩이 같은 느낌이 든다. 각기 전공부분이 다르니까 그렇겠지 생각하며 속으로 삭혀보지만 마음은 쓸쓸해진다. 어차피 인생은 자기 몫으로 사니까 어찌할 수 없는 일이지만 누구보다 가까운 식구들의 작은 관심이나 위로는 큰 도움이 되지 않겠는가.

　동리,〈샤머니즘과 여인들〉

　김동리가 소설 속에서 나타내고자 했던 토속신앙은 그의 대표적인 단편소설「을화」에 잘 실려 있다. 인간의 삶과 죽음의 세계가 서로 긴밀하게 연관되어 있음을 암시하는 작가의 세계관이

잘 드러나 있는 것이다. 하지만 무속과 기독교의 구체적인 관계정립은 좀 미흡한 것 같다.

　사춘기 때, 잠깐 교회를 다닌 적이 있었다. 우연히 친구 따라 갔다가 열심히 다녔었다. 그때 같은 반 친구의 오빠가 지적장애가 있었는데 교회에만 들어오면 멀쩡해지고 두통도 사라진다고 하였다. 그래서 노상 교회 안에서 생활을 하고 잠만 집에서 자고 왔다. 어머니는 무속인이라서 아들을 굿으로 병을 낫게 하고 싶었지만 안 되는 일이었다. 어머니와 아들이 각기 다른 길을 갈 수밖에 없는 안타까운 일이었는데 아들은 기독교 재단의 시설로 보내지고 어머니는 무속의 길을 걸었다. 내 친구는 어머니도 도우고 오빠도 보살폈다.

　무속인들은 대부분 본의 아니게 그 길을 택하는 것 같다. 내가 아는 이도 보통 우리가 보지 못하는 세상이 보인다고 하는데 돌아가신 분의 얼굴 생김새까지 맞히는 것을 보면 그 세계도 부정할 수는 없는 것 같다.

　실시간으로 세계가 교류 할 수 있는 글로벌 시대다. 인종도 구별 없이 국제결혼도 흔한 상황이다. 살아가는 방식이 다르듯이 종교에 대한 이념도 한 발짝 물러서서 사는 갈래가 다르겠지 생각하며 이해하는 것이 좋지 않을까.

노을 지는 해변에서

대청마루에 서면
저 멀리
은빛 비늘을 가진 쪽빛바다에
작은 종이배가 떠 다녔다

배가 사라지는
아득한 수평선 너머로
나를 기다리고 있을
환상의 세계를 꿈꾸었다

바다가 아닌 산골로
구부러진 길을 따라 고향을 떠났다

척박한 인심에 잠 못 이루고
꿈꾸던 理想이 깨지고 환상에서 벗어나니
어느새 흰머리 송송

다시 갈 수 없는 어린 시절
애닯은 마음으로 되새겨보며
노을 지는 바닷가에서
그리움의 쪽배를 띄운다